Lectures de

L'Esprit des lois

(livres I, II, III)

de Montesquieu

C. DE SECONDAT
DE MONTESQUIEU.

Myriam Revault d'Allonnes

lectures de...

l'Esprit des Lois livres I, II, III de Montesquieu

la nature et la loi

Myriam Revault d'Allonnes
Agrégée de Philosophie, professeur en Lettres Supérieures
aux Lycées Condorcet et Lamartine, Paris
Directrice de programme au Collège international de Philosophie

BELIN 8, rue Férou, 75006 PARIS

DiA

Collections DIA

dirigées par Daniel et Martin Andler

Dans la même série :

lectures de

les Amis inconnus de Supervielle
l'Art de conférer de Montaigne
Candide de Voltaire
le Château de Kafka
les Contemplations de Hugo
de la Démocratie en Amérique de Tocqueville
le Désert des Tartares de Buzzati
Dom Juan de Molière
Éloges de Saint-John Perse
l'Esprit des lois (I, II, III) de Montesquieu
les Fausses confidences de Marivaux
les Fleurs du mal de Baudelaire
Jules César de Shakespeare
le Mariage de Figaro de Beaumarchais
le Pavillon d'Or de Mishima
Une vie de Maupassant

textes

l'Art, *vol. 1 et 2*
l'Histoire, *vol. 1 et 2*
le Langage, *vol. 1 et 2*
la Liberté, *vol. 1 et 2*
le Travail

ISBN 2-7011-1100-5

TABLE

INTRODUCTION

Montesquieu et nous

Charles-Louis de Secondat, baron de La Brède et de Montesquieu, naît au château de La Brède, près de Bordeaux, le 18 janvier 1689. Il connaîtra donc les dernières années du règne de Louis XIV, auquel il ne pardonnera jamais « ni son « despotisme » ni son faste, ni sa politique de puissance, ni sa dévotion » (J. Ehrard).

Sa famille appartient à la noblesse de robe et il succède à son grand-père et à son oncle dans la fonction de président à mortier au Parlement de Bordeaux. Auparavant, il aura été élevé dans l'un des plus grands collèges de l'époque, celui des Oratoriens de Juilly. Il y aura acquis la passion de l'Antiquité et pris goût à l'histoire. Son père meurt en 1713 et trois ans plus tard, en 1716, il hérite de la charge de son oncle au Parlement de Bordeaux. Il s'en acquitte sans enthousiasme et se consacre plutôt à composer des mémoires pour l'Académie de Bordeaux récemment créée. En avril 1716, peu après sa réception au sein de cette institution, il prononce sa *Dissertation sur la Politique des Romains dans la Religion* qui témoigne de sa passion pour l'histoire antique. Mais ses intérêts vont, les premiers temps, vers les sciences exactes : il compose plusieurs mémoires sur l'écho, les glandes rénales, la pesanteur et la transparence des corps. On y reconnaît bien évidemment la prégnance du modèle newtonien. Ces années sont aussi — sur le plan historique et politique — celles de la Régence, qui succède à la fin morose du règne de Louis XIV.

En 1721, paraissent (sans nom d'auteur) les *Lettres Persanes* : c'est un triomphe. Montesquieu vient à Paris où il fréquente l'entourage du premier ministre, le duc de Bourbon. Il vend sa charge de président à mortier en 1726 et parvient (non sans difficultés, en raison de l'opposition du cardinal Fleury) à se faire élire à l'Académie française le 24 janvier 1728.

En cette même année 1728, il part pour l'Allemagne et l'Autriche. Vienne, la Hongrie puis l'Italie et les Pays-Bas. En 1729, c'est l'Angleterre qu'il découvre avec la même admiration que Voltaire avant lui. Le contraste est grand entre la liberté du régime anglais et le despotisme qui règne sur le continent (la Prusse en particulier, sous le règne de Frédéric II, le Roi Sergent). Mais le tableau de la monarchie anglaise n'est pas sans ombres : si le commerce amène la prospérité, il ne privilégie ni l'honneur ni la vertu. Il n'en reste pas moins que « le plus libre pays qui soit au monde » le marque de façon indélébile.

De retour à La Brède en 1731, il y travaille et publie en 1734 les *Considérations sur les causes de la grandeur des Romains et leur décadence.* Il séjourne à La Brède, se préoccupe de son domaine et des vignes dont il tire d'honnêtes revenus. Mais il n'en vit pas moins dans la simplicité (voire l'austérité) tout en faisant de fréquents voyages à Paris. Il fréquente les salons littéraires les plus célèbres : Mme Geoffrin, Mme du Tencin, Mme du Deffand.

En 1748 paraît l'*Esprit des Lois,* à Genève, sans nom d'auteur. Montesquieu formulait à son propos le jugement suivant : « S'il m'est permis de prédire la fortune de mon ouvrage, il sera plus approuvé que lu : de pareilles lectures peuvent être un plaisir, elles ne sont jamais un amusement. » En fait il y eut vingt-deux éditions en moins de deux ans, sans compter les traductions un peu partout à l'étranger, qui donnèrent à l'auteur un grand renom en Europe.

Peu d'événements marquants dans cette vie consacrée avant tout à l'étude. Sa vue n'ayant cessé de baisser, il meurt presque aveugle au cours d'un voyage à Paris le 10 février 1755. Il n'y a donc pas à s'appesantir sur cette biographie, celle d'un homme qui — jetant sur sa vie un regard rétrospectif — écrit ces lignes à propos de l'*Esprit des Lois* :

> « Je puis dire que j'y ai travaillé toute ma vie : au sortir du collège on me mit dans les mains des livres de droit ; j'en cherchai l'esprit, je travaillai, je ne faisais rien qui vaille. Il y a vingt ans que je découvris mes principes : ils sont très simples ; un autre qui aurait autant travaillé que moi aurait fait mieux que moi. Mais j'avoue que cet ouvrage a pensé me tuer ; je vais me reposer, je ne travaillerai plus. »

Une vie sans grand mystère, certes. Mais que dire de l'image léguée à la postérité et du sens de l'œuvre ? Qui fut Montesquieu pour ses contemporains ? Qui est-il pour nous ? Philosophe ? Littérateur ? Historien ? Sociologue ? Juriste ? La réponse est d'autant plus difficile que sa curiosité se porte vers tous les domaines du savoir. Il est passé des investigations scientifiques à l'histoire, à la géographie, au droit. Mais le plaisir de l'écriture se lit dans son style : il est aussi écrivain. A cette diversité, il faut ajouter les malentendus qui n'ont cessé de jalonner l'interprétation de sa pensée : penseur féodal, théoricien conservateur, partisan du libéralisme politique. Et quel sens faut-il donner à la « modération » qu'il préconise, tant pour le législateur que pour les gouvernements ? La représentation d'un Montesquieu « contradictoire » accompagne l'*Esprit des Lois* dès sa parution. On lui reproche aussi son « spinozisme » et son athéisme : à cela il répond en 1750 par une *Défense de l'Esprit des Lois* anonyme. En dépit de toutes ces incertitudes, le texte est passé à la postérité, a inspiré diverses législations : la Constituante s'en réclame, les Jacobins retiennent l'éloge du civisme et de la vertu républicaine (Saint-Just et Marat le citent). Mais il est difficile aux révolutions de s'inspirer de celui qui parle de ce qui est et non de ce qui doit être : cela n'incite pas — immédiatement tout au moins — à l'action politique. On a mieux entendu le *Contrat Social.* On tentera, cependant, de comprendre ce qui fait la modernité de Montesquieu sans effacer les tensions constitutives de sa pensée, sans vouloir restituer à l'œuvre une cohérence systématique que sa démarche même interdit.

*

*La composition de l'***Esprit des Lois**

« Le désordre de l'*Esprit des Lois* qui, écrit Starobinski[1], a fait le désespoir de tant de commentateurs » tient d'abord à l'hétérogénéité apparente de la composition.

1. Les treize premiers livres se présentent comme une théorie des types de gouvernement et des lois qui s'y rapportent. Typologie en un sens « abstraite » mais en même temps illustrée d'une multitude d'exemples. Il s'agit avant tout de réduire la diversité des formes de gouvernement à trois types, chacun étant défini à la fois par sa nature et son principe : république, monarchie, despotisme.
2. Les livres XIV à XVIII sont consacrés à l'étude des causes matérielles ou physiques : climats (L. XIV, XV, XVI, XVII), « nature du terrain » (L. XVIII).
3. Les livres XIX à XXIX sont consacrés à l'influence des causes sociales ou morales. Le livre XIX traite de l'**esprit général** d'une nation, des mœurs et des manières. Puis suivent les diverses causes sociales : commerce, monnaie, nombre des habitants, religion. Le livre XXIX peut être considéré comme la conclusion théorique de l'ouvrage : sur la « manière de composer les lois ».

Enfin, il faut ajouter **deux livres historiques** (XXX et XXXI) sur l'origine des lois françaises.

Tous les commentateurs ont insisté sur l'hétérogénéité entre la première partie (typologie des formes de gouvernement) et les deux suivantes. D'autre part, les livres XIX (sur l'esprit général) et XXIX (sur la manière de composer les lois) ne sont pas sans poser problème quant à leur situation dans ce plan d'ensemble.

La réponse à cette difficulté ne peut être donnée qu'après une analyse de la **causalité** propre à la démarche de Montesquieu (voir ci-après) : on verra qu'elle n'est pas linéaire et que le privilège d'un regard « surplombant » l'emporte sur l'ordre de la démonstration. Cela ne résout pas entièrement la difficulté : comment peut-on accorder à la fois la vision instantanée et les exigences de la discursivité ? Mais on connaît l'attachement de Montesquieu à l'idée d'une « chaîne

1. J. Starobinski, *Montesquieu*, Seuil/Écrivains de toujours, 1982, p. 39.

secrète » qui lie les parties (préface des *Lettres Persanes*). Quant à l'*Esprit des Lois,* il en reconnaît la discontinuité et le désordre apparent et s'en explique en ces termes.

> « Ce qui rend certains articles du livre en question obscurs et ambigus, c'est qu'ils sont souvent éloignés d'autres qui les expliquent, et que les chaînons de la chaîne que vous avez remarquée sont très souvent éloignés les uns des autres. »[2]

On se bornera ici à signaler la difficulté sans prétendre l'élucider.

2. *Réponse à des observations de Grosley sur l'Esprit des Lois*, Œuvres complètes, t. 2, Pléiade, p. 1197.

I - La nature et la loi au XVIIIe siècle : de Newton à Montesquieu

A - LA NATURE PHYSIQUE ET SON IMAGE : UN NOUVEAU MODÈLE ÉPISTÉMOLOGIQUE

1. De Descartes à Newton : le changement de l'idée de la raison

Lorsque paraissent, en 1687, les *Philosophiae naturalis principia mathematica* de Newton, un demi-siècle environ s'est écoulé depuis le *Discours de la Méthode* (1637) et les *Principes de la philosophie* (1644) de Descartes. Après avoir exposé les résultats de la mécanique acquis au cours du XVIIe siècle, Newton y fait part de ses recherches propres et donne à l'ensemble une rationalité comparable à celle de la géométrie euclidienne (livres I et II). Puis le livre III, consacré au « Système de l'Univers », étend aux problèmes de « Philosophie naturelle » les lois de la mécanique ainsi établies : non seulement la physique céleste et la physique terrestre sont unifiées mais l'idée de la gravitation est universalisée de manière à régir d'autres phénomènes (mouvements des planètes, des comètes, marées...). L'auteur écrit dans sa *Préface :*

> « Il serait à désirer que les autres phénomènes que nous présente la nature pussent se dériver aussi heureusement des principes mécaniques ; car plusieurs raisons me portent à soupçonner qu'ils dépendent tous de quelques forces dont les causes sont inconnues, et par lesquelles les particules des corps sont poussées

les unes vers les autres, et s'unissent en figures régulières, ou sont repoussées et se fuient mutuellement ; et c'est l'ignorance où l'on a été jusqu'ici de ces forces, qui a empêché les philosophes de tenter l'explication de la nature avec succès. J'espère que les principes que j'ai posés dans cet ouvrage pourront être de quelque utilité à cette manière de philosopher, ou à quelque autre plus véritable, si je n'ai pas touché au but. »

De fait, outre sa portée scientifique, le modèle constitué par la physique newtonienne habite tous les domaines de la pensée du XVIIIe siècle : philosophie, histoire, théorie de la connaissance, sciences de la société. Chacun voudrait être le Newton de sa propre discipline. C'est donc que la méthode newtonienne est investie d'une sorte de « vertu exemplaire » aux yeux des contemporains et successeurs et qu'elle fournit un **idéal de pensée** généralisable aux autres domaines du savoir.

Des *Regulae ad directionem ingenii* de Descartes au *Regulae philosophandi* de Newton, des *Principes de la philosophie* aux *Principia mathematica,* la similitude apparemment est grande : il s'agit de déterminer les règles de la méthode, de s'attacher à l'ordre et à la position des **principes** qui gouverneront la démarche que doit emprunter la pensée. Mais la similitude aussi est trompeuse car, de la méthode déductive à la méthode expérimentale, la distance est considérable et si le principe gouverne, il a changé non seulement de contenu mais aussi de sens. Quelle transformation a donc, dans ce demi-siècle, affecté l'idée de la raison et dont l'œuvre newtonienne fournirait le paradigme méthodologique ?

D'Alembert écrit au début de ses *Éléments de philosophie :*

> « Pour peu qu'on considère avec des yeux attentifs le milieu du siècle où nous vivons, les événements qui nous agitent, ou du moins qui nous occupent, nos mœurs, nos ouvrages, et jusqu'à nos entretiens ; il est bien difficile de ne pas apercevoir qu'il s'est fait à plusieurs égards un changement bien remarquable dans nos idées ; changement qui, par sa rapidité, semble nous en promettre un plus grand encore. C'est au temps à fixer l'objet, la nature et les limites de cette révolution, dont notre postérité connaîtra mieux que nous les inconvénients et les avantages. »

Tout autant que celui qui l'a précédé, le XVIIIe siècle tient au primat de la raison, à son unité et à son caractère immuable. Mais comme l'écrit Ernst Cassirer[3] :

> « La voie newtonienne n'est pas celle de la déduction pure mais celle de l'analyse. Newton ne commence pas par poser certains principes, certains concepts et axiomes universels pour parcourir pas à pas, au moyen de raisonnements abstraits, la voie qui conduit à la connaissance du particulier, des simples « faits ». C'est dans la direction inverse que se meut sa pensée. Les **phénomènes** sont le donné ; **les principes,** ce qu'il faut chercher » (souligné dans le texte).

3. E. Cassirer, *La philosophie des Lumières*, trad. franç. Fayard, 1970, p. 43.

Si donc le XVIIe siècle s'est attaché à la rigueur de la démonstration et de la déduction afin de remonter à une première « intuition » ou une première certitude susceptible de fonder la connexion des propositions et des enchaînements, le XVIIIe siècle s'est avant tout préoccupé — sur le modèle de la physique newtonienne — de rechercher un point de départ rendu univoque à la lumière de l'**observation** et de l'**expérience.** Le cheminement de la pensée alors s'inverse : on ne va plus des concepts aux phénomènes mais la vérité attestée par l'expérience garantit la validité du principe. Ainsi la physique cartésienne peut être dite mathématique en tant qu'elle procède par voie démonstrative, « more geometrico », mais l'évidence (critère de la vérité) n'apparaît clairement et distinctement qu'à l'esprit dégagé du sensible : c'est que le fondement en est métaphysique et non expérimental. Les lois du mouvement y sont déduites de la perfection divine. Ainsi s'énonce l'ordre cartésien :

> « Premièrement j'ai tâché de trouver en général les principes ou premières causes de tout ce qui est ou qui peut être dans le monde, sans rien considérer pour cet effet que Dieu seul qui l'a créé, ni les tirer d'ailleurs que de certaines semences de vérité qui sont naturellement en nos âmes. Après cela, j'ai examiné quels étaient les premiers et les plus ordinaires effets qu'on pouvait déduire de ces causes ; et il me semble que par là j'ai trouvé des cieux, des astres, une terre et même sur la terre de l'eau, de l'air, du feu, des minéraux et quelques autres telles choses qui sont les plus communes de toutes et les plus simples, et par conséquent les plus aisées à connaître. » (*Discours de la Méthode,* 6e partie)

Certes, comme Descartes, Newton écrit des *Principes* de la philosophie mais il distingue radicalement ce que Descartes associait : les **principes** et les **fondements :** Pour Descartes, les principes

> « doivent avoir deux conditions : l'une, qu'ils soient si clairs et si évidents que l'esprit humain ne puisse douter de leur vérité, lorsqu'il s'applique avec attention à les considérer ; l'autre, que ce soit d'eux que dépende la connaissance des autres choses, en sorte qu'ils puissent être connus sans elles mais non pas réciproquement elles sans eux » *(Lettre-Préface* à l'édition française des *Principes de la philosophie).*

C'est dire que les propositions logiquement premières, les prémisses du système déductif, ne sont pas distinguées des fondements sur lesquels s'appuie la connaissance et en particulier la croyance en la vérité même du système déductif. Or le propre de la méthode expérimentale est précisément de les disjoindre « jusqu'à les situer aux deux extrémités opposées de la chaîne déductive »[4]. Loin que les principes soient certains par eux-mêmes, ils ne seront garantis que dans la mesure où leurs conséquences s'accorderont à l'expérience. Un tel renversement du « sens de la preuve » constitue l'un des traits essentiels de la **méthode hypothético-déductive.** Aussi ne peut-on désormais développer — à partir d'une hypothèse « arbitrairement » admise (logiquement ou formellement toutes

4. R. Blanché, *La méthode expérimentale et la philosophie de la physique,* Armand Colin, 1969, p. 86.

s'équivalent) — la série de ses conséquences. L'expérience seule atteste la vérité d'un principe tel que celui de la gravitation qui, **en lui-même**, ne comporte aucune évidence rationnelle. Mais s'il faut partir des phénomènes pour aboutir aux principes et aux lois, la réalité empirique n'est pas le divers incohérent qui, par là-même, appellerait la nécessité d'une loi, d'un ordre imposé de l'extérieur. On présupposera donc (c'est la condition d'une démarche analytique) l'ordre et la légalité de l'expérience. C'est **dans** les faits (et non avant eux) que réside l'articulation qui ordonne et unifie le divers des phénomènes. Il est nécessaire que le particulier comme tel soit **déjà** soumis à une règle universelle, que le général soit comme impliqué et « investi » en lui dès le départ [5]. Par où l'on voit que la notion de « principe » a certes changé de contenu mais qu'elle s'est, de surcroît, trouvée relativisée eu égard à l'exigence d'absolu requise par la coïncidence du principe logique et du fondement métaphysique.

> « Nous les appelons **principes**, parce que c'est là que nos connaissances commencent. Mais bien loin de mériter ce nom par eux-mêmes, ils ne sont peut-être que des conséquences fort éloignées d'autres principes plus généraux que leur sublimité dérobe à nos regards. » [6]

En opposant à la physique déductive de Descartes les données de l'expérience, Newton obéit certes à des raisons proprement scientifiques mais il traduit aussi un nouvel idéal de la raison, lequel réside moins dans la **possession** de la vérité que dans son **acquisition.** Loin que la relativité présupposée par d'Alembert induise au scepticisme, encore moins au désenchantement, elle témoigne d'une croyance en un progrès incessant de la raison :

> « N'imitons pas les premiers habitants des bords de la Mer, qui ne voyant point de terme au-delà du rivage, croyaient qu'il n'y en avait pas. » [7]

2. *Une nouvelle science du monde*

C'est bien avant Newton, dès le XVIe siècle, que le monde a cessé d'être un « Kosmos » clos et ordonné pour devenir Univers décentré, infini et régi par des lois mathématiques. Alexandre Koyré [8], analysant la révolution scientifique des XVIe et XVIIe siècles, l'a ramenée à deux éléments principaux (et indissociables) : destruction du Kosmos et infinitisation de l'Univers ; géométrisation de l'espace se substituant à la conception aristotélicienne d'un espace qualitativement différencié. La rupture épistémologique qui constitue la physique comme science n'est donc pas séparable d'une transformation radicale dans la manière de regarder et d'interroger la nature et en ce sens, Newton parachève cet effort constant de mathématisation de la nature et de la valorisation de l'expérience.

5. E. Cassirer, *op. cit.*, p. 55.
6. D'Alembert, art. « Éléments de Sciences de l'Encyclopédie ».
7. *Ibid.*
8. « Du monde clos à l'univers infini », *Études Galiléennes*.

Dès Giordano Bruno (mort sur le bûcher en 1600) s'affirme une nouvelle représentation de la nature. La scolastique médiévale avait repris de l'aristotélisme l'idée que toute réalité reçoit sa place immuable et indiscutée au sein d'une hiérarchie de valeur et de perfection. Dans ce système, l'homme ne pouvait qu'appréhender l'ordre inviolable qu'il n'avait pas créé. Lorsque Bruno décèle en la nature une activité **interne,** le pouvoir de se donner forme et de se développer soi-même, il divinise la nature et naturalise le divin : Dieu, écrit-il en substance, n'est pas une intelligence extérieure faisant tourner le monde mais bien plutôt le principe moteur qui est nature propre et que possèdent tous les êtres vivants en son sein. Mais encore faut-il passer de ce dynamisme naturaliste qui redonne à la nature une spontanéité créatrice et une « dignité » spécifique à l'élaboration d'une physique mathématique. L'idée que la **loi** régissant les êtres singuliers n'est pas imposée de l'extérieur par un Dieu séparé et transcendant mais qu'elle se développe comme principe d'activité immanent ne suffit encore pas à constituer une cosmologie scientifique. Ainsi Kepler et Galilée conçoivent l'idée d'une **loi naturelle** qui permet de substituer à la physique artistotélicienne conceptuelle et qualitative une physique mathématique et quantitative. Pour Kepler,

> « aucune altérité dans les choses créées ne me paraît venir d'ailleurs que de la matière, ou à l'occasion de la matière : or là où il y a matière il y a géométrie ».

A quoi fait écho la science galiléenne, en réduisant le réel physique à ses propriétés géométriques, en soumettant le mouvement à des lois quantitatives. On connaît la célèbre formule de Galilée :

> « Le grand livre de la Nature est écrit en caractères mathématiques. »

La géométrie n'est plus seulement un auxiliaire mais le langage même de la recherche. Il reste, après Kepler et Galilée, à universaliser la légalité physique, à étendre à la nature dans sa totalité ce qui n'avait encore été démontré que pour des phénomènes particuliers (les lois du mouvement des planètes établies par Kepler ou la chute des corps). La science newtonienne, selon le vœu exprimé dans la *Préface* des *Principia,* tend alors à énoncer la loi fondamentale (celle de la gravitation universelle) qui régit l'ensemble des phénomènes physiques :

> « Toute la difficulté de la philosophie paraît consister à trouver les forces qu'emploie la nature, par les phénomènes du mouvement que nous connaissons, et à démontrer ensuite, par là, les autres phénomènes. »

Mais il suit de là que le paradigme newtonien ne concerne pas seulement le contenu d'une science de la nature mais les règles de la méthode et de la philosophie telles que les énoncent les *Regulae philosophandi* et que la pensée des Lumières revendiquera comme un modèle de perfection méthodologique.

3. *La généralisation du modèle newtonien*

Il est donc clair que la physique newtonienne ne propose pas seulement une nouvelle image du monde physique mais un nouveau modèle de pensée. Voltaire, d'Alembert, Montesquieu, Kant (pour ne citer qu'eux), tous se réclameront de Newton. La préface de la seconde édition de la *Critique de la Raison pure* (1787) verra dans la physique — à laquelle Newton a donné sa forme achevée — le paradigme de « la voie sûre d'une science ». Mais déjà Voltaire, reprenant le célèbre « Hypotheses non fingo » de Newton, écrivait dans son *Traité de Métaphysique :*

> « Il est clair qu'il ne faut jamais faire d'hypothèse ; il ne faut point dire : Commençons par inventer des principes avec lesquels nous tâcherons de tout expliquer. Mais il faut dire : Faisons exactement l'analyse des choses... Quand nous ne pouvons nous aider du compas des mathématiques, ni du flambeau de l'expérience et de la physique, il est certain que nous ne pouvons faire un seul pas. »

Et que veut donc signifier Montesquieu — sinon la généralisation de cet idéal de pensée — lorsqu'il déclare :

> « J'ai posé les principes et j'ai vu les cas particuliers s'y plier comme d'eux-mêmes, les histoires de toutes les nations n'en être que les suites et chaque loi particulière liée avec une autre loi ou dépendre d'une autre plus générale. »[9]

Montesquieu a retenu la leçon de Newton. Non seulement ses premiers travaux (bientôt abandonnés) avaient porté sur les sciences exactes et la physiologie mais « les sciences se touchent les unes aux autres », « tout se tient », « tout est mêlé ». L'image du monde issue de la cosmologie scientifique va donc permettre d'appréhender le tout social ; du monde physique au monde social, point de rupture mais un seul et même problème, celui de la « nature des choses ». « Poser les principes », ce n'est pas affirmer leur absolue validité afin d'en déduire la certitude des conséquences. C'est soumettre leur valeur de vérité à l'épreuve de l'expérience, autrement dit des faits. Et si le raisonnement hypothético-déductif (impliquant par ailleurs une substitution de l'hypothèse-conjecture à l'hypothèse-postulat) ne fait pas qu'accompagner la physique nouvelle, le principe ne s'entend plus selon l'acception cartésienne, comme la proposition logique d'où les lois physiques et sociales se déduisent de façon contraignante mais comme le point de départ méthodologique validé et vérifié par l'expérience. Et si les cas particuliers s'y plient « comme d'eux-mêmes », c'est que les faits ne constituent pas un simple agrégat : la forme systématique ne leur est pas imposée de l'intérieur, elle est leur organisation même. On sera donc justifié à situer d'emblée Montesquieu par rapport à la science newtonienne ainsi que l'ont bien compris certains de ses contemporains, tel Charles Bonnet dans une lettre du 14 novembre 1753 :

> « Newton a découvert les lois du monde matériel : vous avez découvert, Monsieur, les lois du monde intellectuel. »

9. Préface de l'*Esprit des Lois*, p. 229.

B - ÉTAT DE NATURE ET NATURE HUMAINE. « LOIS NATURELLES » ET « LOIS POSITIVES »

L'idée de nature n'implique donc pas seulement une vision de l'univers matériel. Aussi le XVIIIe siècle tente-t-il de soumettre à un ordre intelligible le monde « moral » des êtres « intelligents », de réduire à l'unité sa bigarrure et sa diversité, à l'instar de la diversité physique. Car la notion enveloppe à la fois l'existence physique et matérielle (objet des « sciences de la nature ») et le monde intellectuel et moral. La nature humaine elle aussi a ses lois et l'on sera fondé à constituer, au-delà de la physique mathématique, une physique sociale, morale ou politique. Comment se résignerait-on — alors qu'ont été revendiquées l'ordonnance et l'unité de l'univers physique — à abandonner l'homme au désordre et à l'arbitraire ? Et l'*Esprit des Lois* a bien

> « pour objet les lois, les coutumes et les divers usages de tous les peuples de la terre. On peut dire que le sujet en est immense, puisqu'il embrasse toutes les institutions qui sont reçues parmi les hommes »[10].

Mais alors où serait la nouveauté de Montesquieu ? Quelle est sa position vis-à-vis des théoriciens du droit naturel qui, bien avant lui, avaient refusé de livrer le monde spirituel et moral au dérèglement ou à l'arbitraire en soutenant l'a priorisme du droit ?

1. L'école du droit naturel

Grotius, Pufendorf, Barbeyrac, Burlamaqui (les « jusnaturalistes », c'est-à-dire théoriciens du droit naturel) ont, dans le courant du XVIIIe siècle, progressivement imposé une théorie de l'état qui s'est substituée à la thèse du droit naturel divin, ou plus précisément de l'origine divine du pouvoir civil. Deux éléments essentiels la caractérisent : l'idée d'un état de nature originaire et celle du contrat social qui assure le passage à la société politique.

C'est de la formule de saint Paul, « Non est potestas nisi a Deo »[11], qu'est issue la théorie qui voit en Dieu la source de toute autorité politique. Non que Dieu désigne lui-même les tenants du pouvoir (ainsi la monarchie absolue ne peut être légitimée en tant que telle par cette origine divine) mais la souveraineté — quelles que soient les modalités de sa désignation — provient toujours de Dieu. Ainsi, commente Pufendorf, à suivre cette doctrine,

---

10. Défense de l'*Esprit des Lois*, II, idée générale, p. 1137.

11. *Épître aux Romains*, XIII, 1.

> « quand un peuple libre élit un Roi il ne lui confère pas par là la majesté souveraine, mais se borne à désigner la personne à qui cette majesté sera conférée par des voies divines... ».

Cette thèse ne préjuge donc pas d'une forme de gouvernement ou de régime déterminée. Il n'en reste pas moins qu'elle interdit formellement le droit de résistance (car résister au pouvoir établi c'est résister du même coup à Dieu : « Qui résiste à la puissance résiste à l'ordre de Dieu », poursuit saint Paul dans l'*Épître aux Romains*) et qu'elle contrevient à toute théorie de la souveraineté du peuple : si l'origine en est divine, elle ne peut avoir sa source en ce dernier. Là encore s'impose la distinction entre l'exercice de la souveraineté et sa source ou son origine. L'on voit surtout que dans une telle perspective, le droit n'est pas séparable de la théologie, pas plus que dans la cosmologie médiévale, la « physique » n'est séparable d'une théologie révélée.

Tout l'effort du droit naturel consistera précisément à établir cette séparation, à affranchir la politique de la théologie en la sécularisant, en substituant à « l'établissement divin » un « établissement humain ». La thèse centrale de l'école du droit naturel est donc que l'origine de la société et du pouvoir civil ne réside pas en Dieu mais dans un « établissement humain », autrement dit dans la convention. Grotius écrit :

> « Il faut remarquer que ceux qui les premiers se sont mis en un corps de société civile, ne l'ont pas fait en conséquence d'un ordre de Dieu mais y étant portés eux-mêmes par l'expérience qu'ils avaient faite de l'impuissance où étaient les Familles séparées de se mettre suffisamment à couvert de la violence et des insultes d'autrui. De là est né le Pouvoir civil... »

C'est de là que provient l'hypothèse d'un état de nature originaire, état dans lequel se trouvent les hommes avant l'institution des sociétés civiles et dans lequel ils n'obéissent qu'à la loi naturelle, celle de la « droite raison ». Si divers que soient les traits attachés à la représentation de l'état de nature (isolement, indépendance, guerre permanente ou assistance mutuelle), il comporte cependant des inconvénients tels que, seule, l'institution de la société civile et d'une autorité souveraine peut y porter remède tout en réalisant pleinement ses virtualités. D'où l'instauration du pacte (contrat) social qui assure le passage à l'état social et constitue le principe de l'obligation au sein de la société civile. Quelles que soient les modalités de cette instauration (par nécessité ou volontairement), la problématique du contrat est absolument décisive : elle marque l'origine proprement humaine et conventionnelle de toute institution sociale, contrairement à la thèse d'une origine divine du pouvoir civil. Mais cela ne préjuge non plus en rien d'une forme de régime déterminée. Grotius et Pufendorf furent des tenants de l'absolutisme et la doctrine du contrat devait — dans leur esprit — servir de fondement laïcisé à la monarchie absolue, à l'écart de toute emprise du pouvoir ecclésiastique. D'autres, tels Barbeyrac ou Burlamaqui, étaient partisans d'un gouvernement modéré (« monarchie limitée » ou « aristocratie tempérée par la démocratie »).

Dernier point : l'école du droit naturel affirme qu'antérieurement à toutes les lois humaines, indépendamment des lois « positives » édictées dans l'intérêt des sociétés particulières, préexiste la « loi naturelle », immuable, éternelle, commune à tous les êtres. Les jusnaturalistes ne font ici apparemment que reprendre la théorie antique de la loi naturelle dont l'énoncé le plus célèbre est donné par Cicéron, qui recueille à la fois les traditions platonicienne, aristotélicienne et stoïcienne :

> « Il existe une loi vraie, la droite raison [recta ratio], conforme à la nature, répandue dans tous les êtres, toujours d'accord avec elle-même, éternelle. C'est elle qui par ses commandements nous porte à accomplir notre devoir, et par ses défenses nous détourne de mal faire... On ne saurait admettre aucun amendement ni aucune dérogation à cette loi, il est encore moins permis de l'abroger... C'est une seule et même loi, éternelle, immuable, qui est en vigueur en tous temps et chez tous les peuples, car c'est aussi un seul et même Dieu, maître commun et serviteur de tous les êtres, qui en est l'auteur, l'a publiée et promulguée. » [12]

Ainsi entendue, l'idée de loi naturelle domine non seulement toute la pensée antique mais aussi la philosophie médiévale et saint Thomas la met en accord avec le christianisme et la théologie révélée en accentuant son caractère divin.

Or il revient à Hobbes d'avoir opéré une rupture décisive avec la théorie du « droit naturel classique » [13]. Dans l'Antiquité, l'idée de loi naturelle n'était pas dissociable d'une représentation téléologique de l'existence humaine : la loi naturelle était dite telle « par rapport à la fin ou à la perfection de l'homme », être vivant politique, par nature, ne pouvant réaliser son excellence qu'au sein de la cité. La nature d'un être était définie conformément à un ordre des fins et le meilleur ordre politique (le « meilleur régime », la « meilleure politeia ») par sa conformité à la nature. Il suit de là que l'état de nature ne peut en aucun cas précéder (fût-ce logiquement) la société car cette dernière est antérieure à l'individu. Loin d'être un état prépolitique, l'« état de nature » représente une vie conforme à la nature dans un régime (une société) idéal.

Avec Hobbes, instaurateur du « droit naturel moderne », la loi naturelle est dissociée d'une conception téléologique de la politique et de la représentation d'un ordre des fins. Le point de départ de la réflexion est l'individu dont la vie n'est naturellement ordonnée à aucune perfection finale.

> « Ce n'est que si l'on peut déduire la loi naturelle du comportement de fait des hommes, du mobile le plus puissant qui les fait tous agir — ou du moins la plupart d'entre eux la plupart du temps — que celle-ci peut être efficace ou avoir une valeur pratique. Il faut rechercher le fondement de la loi naturelle non pas dans la fin de l'homme mais dans ses origines, dans la **prima naturae** ou plutôt dans le **primum naturae**. » [14]

---

12. Cicéron, *De Republica*, liv. III, p. 22.
13. Léo Strauss, *Droit naturel et histoire*, trad. franç. Flammarion, Champs, 1986.
14. Léo Strauss, *op. cit.*, p. 164.

La question est ainsi déplacée de la fin (telos) vers l'origine : c'est parce que la nature de l'homme est recherchée du côté de l'origine, des mobiles qui la font agir ou des passions qui la constituent, qu'est pensable un état de nature où le lien social serait absent. Ainsi, chez Hobbes, « la mort prend la place du telos » ou, plus exactement, la crainte de la mort violente et le désir de se conserver en vie sont à la source de la loi naturelle : la loi naturelle doit se réduire au désir de conservation. Il suit de là que l'accent est mis non plus sur les devoirs (le droit naturel classique s'attachait avant tout à la prescription des devoirs en fonction des fins) mais sur les droits (le droit à la vie) et les moyens de leur réalisation. Si l'inconditionnel est un droit et non plus un devoir, il appartient à l'État de sauvegarder le droit naturel des individus, de préserver leur vie et leur liberté. Mais l'on comprend d'autant mieux, dans ces conditions, que la loi naturelle ainsi entendue ne puisse s'exercer pleinement dans l'état de nature, qu'elle demeure « exigence faible et droit impuissant » [15]. Ou bien l'état de nature est invivable (Hobbes, Spinoza) ou bien son infériorité relative, les inconvénients qu'il comporte nécessairement, motivent l'institution de la société qui parachève, « perfectionne » le droit naturel (Locke, Burlamaqui).

2. *Montesquieu et le droit naturel*

Les deux premiers chapitres de l'*Esprit des Lois* sont consacrés, semble-t-il, à la question du droit naturel. Montesquieu lui-même l'explicite en ces termes :

> « L'auteur de l'*Esprit des Lois* a cru qu'il devait commencer par donner quelque idée des lois générales, et du droit de la nature et des gens. Ce sujet était immense, et il l'a traité dans deux chapitres... » [16]

Or il y est bien question d'état de nature mais non de contrat social. « Qu'on réfléchisse alors, préconise Althusser [17], sur cette absence de tout contrat social dans Montesquieu. » Quelles sont les raisons de cette absence ? Méthodologiques, politiques ou les deux à la fois ? Plus encore, la question de l'origine de la société est-elle, à ses yeux, la question importante ? Et si tel n'est pas le cas, quel est son véritable objet ? Pour aborder ce problème, nous n'envisagerons dans un premier temps que ce qui a trait, dans ces deux premiers chapitres, au droit naturel [18].

• *Chapitre I : Des lois dans le rapport qu'elles ont avec les divers êtres.*

A considérer les quatre lois énoncées dans ce chapitre, elles sont — quant à leur contenu du moins — sans grande originalité.

---

15. V. Goldschmidt, *Anthropologie et politique. Les Principes du système de Rousseau*, Vrin, 1974, p. 183.

16. *Défense de l'Esprit des Lois*, p. 1133.

17. L. Althusser, *Montesquieu, la politique et l'histoire*, 1964, p. 20.

18. Nous suivons ici les analyses de V. Goldschmidt, *op. cit.*, pp. 189-217.

« Il faut donc avouer des rapports d'équité antérieurs à la loi positive qui les établit : comme par exemple, que, supposé qu'il y eût des sociétés d'hommes, il serait juste de se conformer à leurs lois ; que, s'il y avait des êtres intelligents qui eussent reçu quelque bienfait d'un autre être, ils devraient en avoir de la reconnaissance ; que si un être intelligent avait créé un être intelligent, le créé devrait rester dans la dépendance qu'il a eue dès son origine ; qu'un être intelligent, qui a fait du mal à un être intelligent, mérite de recevoir le même mal, et ainsi du reste. »

En apparence « ces rapports d'équité antérieurs à la loi positive » désignent la loi naturelle éternelle, immuable et universellement valable. D'autre part, comme l'a remarqué Raymond Aron [19], tout se réduit au fond à deux notions : l'égalité naturelle des hommes et la réciprocité qui découle comme obligation, comme devoir de cette égalité fondamentale.

Mais on notera par ailleurs que loin d'être présentées de manière exhaustive et organisées en système, ces lois ne sont données qu'à titre d'exemples et ne sont pas qualifiées de « lois naturelles ». Celles-ci n'apparaîtront qu'au chapitre II, en rapport avec l'état de nature. De plus, la formulation au conditionnel (supposé que, il serait, s'il y avait...), l'existence de rapports « possibles » « avant qu'il y eût des lois faites » renvoie avant tout à l'actualisation de ces rapports dans et par la loi positive. Si enfin nous resituons le paragraphe cité dans l'ensemble du chapitre I, celui-ci a pour objet les lois dans leur signification la plus étendue, dans leur généralité. Tous les êtres ont leurs lois : Dieu, dont la création n'est pas un acte arbitraire, le monde physique, le monde animal, le monde des êtres intelligents. Lois présentées constamment comme des possibles qui précèdent la réalité de la création :

« ... l'auteur a établi premièrement, qu'il y avait des lois de justice et d'équité avant l'établissement des lois positives : il a prouvé que tous les êtres avaient des lois ; que même avant leur création, ils avaient des lois possibles » [20].

Il est clair que Montesquieu a mis l'accent non sur la problématique traditionnelle du droit naturel mais sur le déterminisme qui permet l'intelligibilité du monde physique et du monde humain. Cette inflexion, Rousseau l'avait perçue (quoi qu'on pense de son jugement plutôt négatif) lorsqu'il écrivait dans l'*Émile :*

« L'illustre Montesquieu... n'eut garde de traiter des principes du droit politique ; il se contenta de traiter du droit positif des gouvernements établis, et rien au monde n'est plus différent queces deux études. »

De cela, on dégagera trois conséquences [21] :

1. En affirmant que les rapports d'équité précèdent les lois positives, Montesquieu, certes, polémique contre Hobbes (comme il le fera également au

19. *Les grandes doctrines de sociologie historique.*

20. *Défense de l'Esprit des Lois*, Œuvres complètes, t. 2, p. 1123.

21. Voir Goldschmidt, *op. cit.*

chapitre II à propos de l'état de nature). Mais là n'est pas l'essentiel. L'essentiel est d'examiner les conditions de possibilité des lois positives et plus généralement (dans une perspective leibnizienne) les conditions de possibilité d'un monde avant sa création.

2. Montesquieu ne fournit que quelques exemples de ces rapports d'équité, il ne construit pas un système de droit naturel. Ces rapports, Montesquieu les compare à l'égalité des rayons qui précède le cercle effectivement tracé.

> « Dire qu'il n'y a rien de juste ni d'injuste que ce qu'ordonnent ou défendent les lois positives, c'est dire qu'avant qu'on eût tracé de cercle, tous les rayons n'étaient pas égaux. »

Autrement dit, seule l'observation du fait permet de dégager la loi en lui impliquée. Le paradigme newtonien trouve ici tout son efficace : il est vain de spéculer abstraitement sur un système de droit naturel (« Hypotheses non fingo »). Il est beaucoup plus légitime et conforme à la nouvelle méthode expérimentale d'appréhender les rapports d'équité (les lois) à partir des fragments qui s'en découvrent — même imparfaitement — dans les lois positives (les rayons du cercle une fois tracé). Ainsi — à ce niveau — pourrait se trouver résolue la contradiction entre un « a priorisme » de l'idée de droit et une théorie de la connaissance attachée à la singularité de l'expérience. Il n'y a pas, pour Montesquieu, de « transcendance » du droit. « Il pose en tant que juriste la même question que Newton avait posée en tant que physicien »[22] : il se propose de réduire « l'infinie diversité des lois et des mœurs » à un petit nombre de principes déterminés qui sont l'ordre du possible comme du réel.

3. Le déplacement opéré par Montesquieu de la sphère du droit naturel à l'univers cosmologique n'est pas sans poser un certain nombre de difficultés, relevées par les commentateurs. Ainsi a-t-on reproché à Montesquieu de confondre « les lois de causalité des sciences positives » et les lois normatives, les lois scientifiques et les lois-commandements. Selon Althusser[23],

> « ces lois d'une justice qui se précède toujours, indépendante de toutes les conditions concrètes de l'histoire, renvoient cette fois à l'ancien type de loi, la loi-commandement, la loi-devoir ».

D'où, poursuit Althusser, « la confusion des ordres : la loi scientifique disparaît derrière la loi-ordre ».

En soumettant la totalité de l'Univers (y compris le créateur[24]) à cette législation universelle, Montesquieu est-il tombé dans une semblable confusion ? Or il n'ignore pas que si « l'homme, comme être physique, est ainsi que les autres corps, gouverné par des lois invariables », « comme être intelligent, il viole sans

22. Cassirer, *op. cit.*, p. 246.

23. *Op. cit.*, p. 32.

24. Voir à ce propos les 1re et 3e objections du théologien dans la *Défense de l'Esprit des Lois*, pp. 1122-1123 et p. 1124.

cesse les lois que Dieu a établies, et change celles qu'il établit lui-même ». Par ailleurs Montesquieu, qui a lu les traités de l'époque, connaît la distinction courante entre « nécessité physique » et « nécessité morale » ou « obligation ». Il appartient donc au « **dessein** » explicite de l'*Esprit des Lois* d'avoir **unifié** la conception de la loi, de lui avoir donné dès le premier chapitre sa « signification la plus étendue », refusant toute limitation à un ordre de faits particulier.

Mais si les « sciences de la nature » ne sont pas opposables aux « sciences de l'homme », il s'en faut bien cependant « que le monde intelligent soit aussi bien gouverné que le monde physique. Car quoique celui-là ait aussi des lois qui, par leur nature, sont invariables, il ne les suit pas constamment comme le monde physique suit les siennes. La raison en est que les êtres particuliers intelligents sont bornés par leur nature, et par conséquent sujets à l'erreur ; et, d'un autre côté, il est de leur nature qu'ils agissent par eux-mêmes. Ils ne suivent donc pas constamment leurs lois primitives ; et celles même qu'ils se donnent, ils ne les suivent pas toujours ». Ce qui explique l'écart entre telle ou telle disposition positive et les rapports d'équité qui les précèdent : l'actualisation des possibles comporte en elle-même la distance du fait à la règle. Montesquieu n'est pas « positiviste » au sens où il se serait contenté de décrire « objectivement » la diversité des lois et des mœurs et d'en rendre compte par une explication causale : il juge également, et la compréhension des institutions n'exclut pas leur condamnation éventuelle (le despotisme ou l'esclavage par exemple). Si tout jugement de valeur, toute normativité se trouvaient exclus, comment le « malheur » du despotisme pourrait-il être thématisé ? Comment la tâche du législateur pourrait-elle requérir, comme il est écrit au livre XXIX (chap. I), « l'esprit de modération » ? La confrontation entre le déterminisme des faits et la référence à des lois universelles et normatives est peut-être le problème central de l'interprétation de Montesquieu, lequel problème s'est posé dès la parution de l'ouvrage. Mais c'est peut-être une illusion rétrospective que d'en rester à un « Montesquieu contradictoire », de jouer « le sociologue contre le juriste » en méconnaissant son intention fondamentale. « Montesquieu, écrit Goldschmidt, veut élargir la connaissance des lois et la rendre scientifique, mais non pas détruire l'objet de son enquête en ce qu'il a de spécifique. Il n'a cessé de revendiquer le titre de jurisconsulte ; on ne voit guère ce que celui de « sociologue » y ajouterait, sinon un anachronisme. »[25] Le modèle newtonien est donc un modèle épistémologique qui arrache l'universalité des rapports d'équité à la sphère traditionnelle du droit naturel, mais qui permet aussi d'interpréter les faits et donc de procéder à leur évaluation.

- *Chapitre II : Des lois de la nature.*

Abordant ici la question de l'état de nature, Montesquieu polémique explicite-

25. *Op. cit.*, pp. 199-200.

ment contre Hobbes. Encore faut-il se demander si l'objet du chapitre ne déborde pas cette controverse.

Il s'agit au départ, de déterminer les lois de la nature, antérieures aux lois positives, et « ainsi nommées parce qu'elles dérivent uniquement de la constitution de notre être ». Considérons donc, poursuit Montesquieu, l'homme « avant l'établissement des sociétés. Les lois de la nature seront celles qu'il recevraït dans un état pareil ». La définition de l'état de nature est conforme à la tradition jusnaturaliste. Pufendorf parlait de « la condition où l'on conçoit l'Homme en faisant abstraction des choses qui lui surviennent en conséquence de quelque établissement humain... ». Ainsi entendu, l'état de nature est opposé à la société civile. Pas de surprise non plus dans la première réponse de Montesquieu : la première loi naturelle est celle qui imprime en nous-mêmes « l'idée d'un créateur » et « nous porte vers lui ». Mais aussitôt Montesquieu précise : la première « par son importance et non par l'ordre de ces lois ». Si l'on suit cet ordre, il faut énoncer quatre lois : rechercher la paix, chercher à se nourrir afin de se conserver en vie, aller vers l'autre sexe, désirer vivre en société. Dans l'ordre de la découverte viendrait alors la reconnaissance du Créateur car les « idées spéculatives » ne peuvent que suivre (et non précéder) la satisfaction des besoins élémentaires. Contre Hobbes (pour qui l'état de nature est « la guerre de tous contre tous »), Montesquieu soutient que l'état de guerre ne peut provenir qu'après l'établissement des sociétés « qui leur fait trouver des motifs pour s'attaquer et se défendre ». La faiblesse et la timidité des « hommes naturels » est telle que « tout les fait trembler », « tout les fait fuir » : ils n'aspirent qu'à la paix.

Mais il y a plus. Les spéculations sur l'origine ne surviennent qu'après qu'ait été assurée la conservation : Montesquieu privilégie la faculté de connaître et restitue la logique des idées à partir des besoins qui les ont produites. On y reconnaît cette « physique expérimentale de l'âme » qu'a défendue Locke contre Descartes. Locke n'est-il pas, comme le déclare d'Alembert, le Newton de la métaphysique, celui qui « conçut que les abstractions et les questions ridicules qu'on avait jusqu'alors agitées » étaient à proscrire[26] ? C'est à ce titre que Montesquieu traite de l'« état naturel » de l'homme en insistant — par l'usage du conditionnel — sur le caractère hypothétique des lois naturelles (l'homme « aurait » la faculté de connaître, il « songerait », il « sentirait », etc.). Il est « ridicule » écrit par ailleurs Montesquieu dans les *Lettres Persanes*[27] de rechercher l'origine des sociétés, « un fils est né auprès de son père et il s'y tient ; voilà la société et la cause de la société ». Tout se passe comme si Montesquieu concevait la vie des sociétés à l'image de celle des hommes, sur le mode des organismes qui croissent, vivent et dépérissent[28].

26. *Discours Préliminaire de l'Encyclopédie*, Gonthier - Médiations, 1965, p. 100.
27. Lettres XCIV et CIV.
28. Voir *Esprit des Lois*, X-2 et XIX-27.

En donnant à l'état de nature une existence hypothétique, en reprochant à Hobbes d'avoir attribué « aux hommes, avant l'établissement des sociétés, ce qui ne peut leur arriver qu'après cet établissement », Montesquieu objecte aux théoriciens du droit naturel ce que Rousseau développera dans le *Discours sur l'origine de l'inégalité* :

> « Les philosophes qui ont examiné les fondements de la société ont tous senti la nécessité de remonter jusqu'à l'état de nature, mais aucun d'eux n'y est arrivé... Tous, parlant sans cesse de besoin, d'avidité, d'oppression, de désirs et d'orgueil, ont transporté à l'état de nature des idées qu'ils avaient prises dans la société. Ils parlaient de l'homme sauvage, et ils peignaient l'homme civil. »

L'exigence, chez Montesquieu, est d'abord de méthode : privilégier l'expérience (ici la psychologie des inclinations), raisonner par analogie (en considérant l'homme comme un vivant) plutôt que de se livrer à des spéculations nécessairement hasardeuses sur l'origine.

La question n'est donc pas tant de savoir si l'« état de nature est un état de paix ou de guerre (question au demeurant secondaire s'il s'agit d'une pure hypothèse) mais si rechercher la paix est une inclination propre à l'homme en tant que vivant. A l'évidence, la réponse de Montesquieu est affirmative : l'état de guerre ne commence qu'avec la société, la guerre est un phénomène social.

De fait, il semble que l'« état de nature » importe assez peu à Montesquieu. Le mode hypothétique n'implique même pas — comme chez Rousseau — la nécessité de remonter jusqu'à lui pour « éclaircir la nature des choses ». L'état de nature désigne bien plutôt une nature physique, animale de l'homme, « celle qui **avant** la liberté et son arbitraire, obéit à la loi posée par Dieu »[29]. Certes l'homme (et en cela sa liberté est une imperfection : « nous sommes libres et incertains parce que nous ne savons pas certainement ce qui nous est le plus convenable... »)[30].

> « viole sans cesse les lois que Dieu a établies » mais au moins ses inclinations naturelles (les lois qui le régissent en tant que vivant) sont-elles apparentées aux lois gouvernant l'univers physique. L'état de nature est don « cette constitution de l'homme, en tant qu'elle fonde la loi de la paix »[31].

Mais

> « sitôt que les hommes sont en société, ils perdent le sentiment de leur faiblesse ; l'égalité, qui était entre eux, cesse, et l'état de guerre commence » (I, 3).

Au désir de vivre en société, « nouveau motif de s'unir » (quatrième loi naturelle) ne succède donc ni le pacte fondateur ni l'« état civil » qui en est traditionnellement issu.

Il s'en faut cependant que Montesquieu se situe du côté d'une théorie « pater-

29. Goldschmidt, *op. cit.*, p. 209.
30. *Spicilège.*
31. Goldschmidt, *op. cit.*, p. 211.

naliste » du pouvoir qui justifierait le caractère naturel et premier du pouvoir monarchique comme dérivé en droite ligne du modèle familial. Le droit naturel avait déjà battu en brèche cette argumentation et Locke avait clairement montré que l'autorité paternelle ne peut fonder l'autorité des sociétés politiques, sauf à assimiler les sujets à des enfants immatures... Et Montesquieu refusera constamment d'identifier le pouvoir du père de famille à celui du monarque. La 44e *Lettre persane* (voir le fragment déjà cité p. 00) ne doit pas induire en erreur. Les hommes naissent déjà liés les uns aux autres dans la sphère de la famille : voici pourquoi il est « ridicule » de s'attacher au problème de l'origine. Mais le schéma domestique de la puissance paternelle ne fournit pas pour autant un modèle à l'autorité politique ni à son fondement (I, 3).

Faut-il alors, comme le soutient Althusser[32] interpréter l'absence de toute référence au contrat comme un **« parti pris de type féodal »** ? Si les théoriciens du droit naturel ont avancé la thèse du contrat contre les tenants de l'origine divine du pouvoir politique, s'ils ont déclaré humaine et conventionnelle l'origine de toute institution sociale, c'est qu'ils récusaient avant tout l'idée d'une société déjà dessinée par avance dans une nature hiérarchisée. Pour dire d'un mot ce qui est en cause, la théorie du contrat social renverse en général **les convictions propres à l'ordre féodal**, la croyance dans l'inégalité « naturelle » des hommes, dans la nécessité des ordres et des états. Elle remplace par le contrat entre **égaux**, par une œuvre de l'art humain, ce que les théoriciens féodaux attribuaient à la « nature » et à la **sociabilité naturelle** de l'homme. C'est généralement **alors** un assez sûr indice de discrimination entre les tendances que de considérer que la doctrine de la sociabilité naturelle ou de l'instinct de sociabilité désigne une théorie d'inspiration féodale, et la doctrine du contrat social une théorie d'inspiration « bourgeoise ». Chez Montesquieu, poursuit en susbstance Althusser, la quatrième loi naturelle

> « tient lieu de ce contrat absent : l'**instinct de sociabilité**. Voilà une première indication qui met sur la voie de juger Montesquieu adversaire du droit naturel pour des raisons qui tiennent à un **parti pris de type féodal** »[33].

Montesquieu est donc, selon Althusser, un penseur contradictoire : radicalement novateur quant à la méthode, refusant de soumettre ce qui est à ce qui doit être, tirant ses principes de la seule « nature des choses », non des préjugés ; « réactionnaire » aussi, attaché aux valeurs de la féodalité et d'un ordre seigneurial fondé en nature.

Certes Montesquieu n'est

> « à aucun degré un doctrinaire de l'égalité, ni encore moins un doctrinaire de la souveraineté populaire »[34].

---

32. *Op. cit.*, p. 20.
33. *Ibid.*, pp. 17-20.
34. R. Aron, *op. cit.*

Mais la question du chapitre n'est pas là. Si l'énoncé des quatre lois naturelles prend comme point de départ l'instinct de conservation (1re loi), leur succession, on l'a vu, répond au développement des tendances élémentaires et des facultés du vivant. Pas plus qu'il n'est véritablement question d'« état de nature » au sens conventionnel, il n'est question d'une « sociabilité naturelle » qui serait l'alternative à la théorie du contrat et qui permettrait de penser le passage de la nature à l'état social. Dans les deux cas, il s'agirait de spéculations sur l'origine. A celles-ci Montesquieu a délibérément substitué la découverte progressive des facultés à partir de la « constitution de notre être ». C'est en ce sens que Montesquieu échappe à la problématique traditionnelle du droit naturel : d'une part parce qu'il ne constitue pas un système, il ne fournit que des **exemples** (chap. I), d'autre part parce que les « lois naturelles » (qui désignent les premières inclinations de l'homme) rendent compte non « du passage à la société, mais du **fait** même de celle-ci, en tant que fondée en nature »[35]. Fondée en nature : c'est-à-dire à partir des premières inclinations d'abord, du développement des connaissances ensuite. Si, pour Montesquieu, « la société se précède toujours elle-même »[36], l'absence de référence au contrat est l'indice d'un changement d'ordre méthodologique, voire épistémologique, et d'un déplacement de la problématique traditionnelle du droit naturel. Ce que confirme l'analyse du chapitre III.

• *Chapitre III : Des lois positives.*

Le désir de s'unir a instauré, non un état juridique (par le biais du pacte), mais un état de fait : « sitôt que les hommes sont en société... ». C'est sur ce fait que s'ouvre le chapitre III. On sera ici sensible au changement de mode : du conditionnel à l'indicatif, du mode hypothétique à l'analyse du réel historique : « l'état de guerre commence », de nation à nation et de particulier à particulier. L'état de guerre ne désigne donc pas une origine (ce n'est pas, comme chez Hobbes, la guerre de tous contre tous qui entraîne la nécessité du pacte social) mais explique l'établissement des lois positives, selon un enchaînement causal : de la quatrième loi naturelle dérive l'état de guerre, lequel nécessite d'« établir les lois parmi les hommes ». Tout cela constitue « les rapports nécessaires qui dérivent de la nature des choses ». Ainsi, même les lois positives (instituées par le législateur) sont « naturelles » : d'une part parce qu'elles découlent nécessairement de l'état de guerre auquel elles mettent fin, d'autre part parce qu'elles sont, autant que possible, conformes à l'instinct de conservation (« une société ne saurait subsister sans un gouvernement ») et à la raison (« la loi, en général, est la raison humaine, en tant qu'elle gouverne tous les peuples de la terre ; et les lois politiques et civiles de chaque nation ne doivent être que les cas particuliers où s'appli-

35. Goldschmidt, *op. cit.*, p. 209.
36. Althusser, *op. cit.*, p. 20.

que cette raison humaine »). La positivité des lois est donc double : lois positives car efficientes, effectives ; conformes aux lois naturelles et à leur enchaînement causal, en ce sens fondées en nature. Il est clair que Montesquieu refuse de s'abandonner au « positivisme » de la loi : deux exemples l'attestent. Toutes les nations ont un **droit des gens** (droit international) mais cette universalité n'empêche ni la particularisation des usages selon les nations ni surtout qu'on formule, à ce propos, des jugements de valeur : celui des Iroquois « qui mangent leurs prisonniers » « n'est pas fondé sur les vrais principes » (entendons de la raison humaine). Second exemple, tiré du droit politique (celui qui régit les relations entre gouvernants et gouvernés) : Montesquieu réfute la thèse, défendue entre autres par Bossuet, selon laquelle la monarchie est le gouvernement le plus conforme à la nature parce qu'elle a son fondement et son modèle dans le pouvoir paternel. Comme nous l'avons déjà indiqué, Montesquieu se défend de toute théorie « paternaliste » du pouvoir et récuse toute filiation « naturelle » de la structure familiale à la structure politique. S'il faut — a contrario — situer le gouvernement le plus conforme à la nature, ce serait celui « dont la disposition particulière se rapporte le mieux à la disposition du peuple pour lequel il est établi » : autrement dit la positivité des lois ne se réduit pas à leur efficace (sinon comment juger de la crainte qu'inspire le régime despotique ?) mais se définit par les rapports de conformité qu'elles entretiennent avec les mœurs, les climats, la religion, l'ensemble de la législation d'un peuple, etc.

Comment, à partir de ces éléments, la question du contrat peut-elle être reposée ?

Si l'on distingue — comme le fait Pufendorf — pacte social et pacte de gouvernement, Montesquieu ferait allusion à ce dernier dans les deux citations du jurisconsulte italien Gravina, à propos de « l'union de plusieurs familles » que comprend nécessairement la puissance politique, ainsi que dans la 76e *Lettre Persane*[37]. Pourquoi une simple allusion alors qu'en toute rigueur on attendrait une explicitation ou tout au moins un rappel dans un chapitre consacré à l'établissement des lois positives et au droit politique ?

A moins d'admettre l'interprétation d'Althusser, on peut estimer que l'absence de toute référence explicite au contrat tient au fait que le projet de l'ouvrage (et plus particulièrement du livre I dont il est ici question) ne le requiert pas. Car la doctrine du contrat est inutile si l'on n'envisage pas la question du passage de l'état de nature à l'état social. La « discrétion » dont fait preuve Montesquieu ne serait pas le signe d'un parti pris « féodal » mais bel et bien d'un **déplacement** de sa problématique à l'égard des théories du droit naturel. Au système élaboré par le droit naturel, Montesquieu substitue une analyse

37. Œuvres complètes, t. 1, p. 246, « Pourquoi veut-on que je travaille pour une société dont je consens de n'être plus ? que je tienne, malgré moi, une convention qui s'est faite sans moi ? »

de la loi naturelle dans son acception positive et scientifique. Comme le montre Goldschmidt[38] il s'agit pour lui

> « d'établir le caractère nécessaire du droit positif et, par son existence même, sa conformité au droit naturel. Il s'agit, secondairement, de montrer que ce droit dans son contenu même, n'est pas toujours, il s'en faut, conforme au droit naturel ».

L'existence des lois positives est fondée en nature (imposée par l'état de guerre) mais leur contenu diffère parfois (voire souvent) des « vrais principes », comme chez les Iroquois. A tout le moins peut-on signaler l'ambiguïté d'une telle position : s'il est vrai que les « lois naturelles » ont avant tout un caractère scientifique (comme l'a montré le chap. II), il n'en reste pas moins qu'une **normativité** essentielle demeure. Certes, elle n'est pas exactement définie : quelle est la nature de ces « vrais principes » ? Montesquieu ne le précise pas. Mais par exemple, « le droit des gens est naturellement fondé sur ce principe : que les diverses nations doivent se faire, dans la paix, le plus de bien, et dans la guerre, le moins de mal qu'il est possible, sans nuire à leurs véritables intérêts ». Si l'ambiguïté (coexistence de la positivité scientifique et d'une normativité éthique) peut être relevée, autorise-t-elle pour autant à renvoyer Montesquieu à la pensée féodale et à l'obéissance aux « lois éternelles » ? Mieux vaudrait souligner que la doctrine du contrat a été jugée ici inutile, « c'est-à-dire inopérante pour fonder le droit positif sur les principes du droit naturel »[39] et que — comme l'avait bien vu Rousseau — la question de l'origine de la société n'est pas la question décisive mais bien celle de l'établissement des différentes **institutions** que se donnent les hommes.

C - UNE NOUVELLE THÉORIE DE LA LOI

La démarche de Montesquieu s'inscrit donc dans ce long processus historique de transformation de l'idée de loi : de la loi divine à la loi scientifique, du théologico-politique aux sciences de la nature, de la loi-commandement à la loi-rapport. L'usage du vocabulaire atteste encore aujourd'hui la double signification du terme de loi. Le petit Robert propose les trois définitions suivantes (que l'on peut ramener à deux) :

— 1. règle impérative imposée à l'homme de l'extérieur,

---

38. P. 216.
39. *Ibid.*, p. 217.

— 2. règle impérative exprimant un idéal, une norme,

— 3. formule générale, non impérative, énonçant le rapport constant entre phénomènes (1690).

Si les deux premières acceptions font référence à l'autorité impérative d'un législateur (dans l'ordre théologique et moral), la troisième désigne les rapports de causalité — non impératifs mais nécessaires — entre phénomènes de la nature. Ce qui se donne à voir dans le dictionnaire comme coexistence ou juxtaposition de sens au demeurant contradictoires est en réalité le produit d'une longue histoire et d'une révolution théorique du concept de loi.

Dans l'Antiquité et le monde médiéval, le domaine de la loi est essentiellement théologique et moral : le schéma y est celui d'une volonté ordonnatrice imposant son autorité et son ordre à la nature comme aux êtres raisonnables. L'idée d'un ordre ou d'une loi régissant l'univers dans sa totalité apparaît dès l'Ancien Testament (où Dieu impose ses lois à la pluie), chez les Présocratiques et la philosophie grecque classique. Mais sa structure est telle qu'on ne saurait distinguer — comme l'énonce saint Thomas d'Aquin — la loi de la nature physique et la loi morale gouvernant les êtres raisonnables. Cette commune structure véhicule par ailleurs l'idée d'une finalité à laquelle sont ordonnés les phénomènes et l'action humaine. La notion de loi est téléologique (elle implique l'orientation vers une fin) car la nature est gouvernée par des impératifs théologiques. Cette loi-commandement est donc à la fois contraignante et normative puisque l'ordre divin assigne un idéal à réaliser.

C'est avec cette finalité que devra rompre la représentation moderne de la loi pour accéder à la scientificité. On a vu que, dès les premières années du XVIIe siècle, la révolution galiléenne bouleverse l'ancienne conception de la nature en rompant avec la représentation d'un « Kosmos » clos et ordonné et d'un espace qualitatif et hétérogène. Dès lors les lois régissant la nature ne sont plus des impératifs théologiques mais des énoncés mathématiques : ainsi la notion de loi se dégage-t-elle de ses origines religieuses et morales tout en prenant ses distances à l'égard du naturalisme « vitaliste » de la Renaissance. Il est donc nécessaire que les lois de la nature échappent à la figure du législateur divin (et à la structure téléologique qu'elle implique) pour devenir principes de constitution d'une science de la nature. Critiquant le finalisme qui n'est, selon lui, que la manifestation de l'ignorance des causes qui nous font agir, Spinoza remarque que l'usage du mot loi appliqué à l'ordre des phénomènes naturels ne peut être que métaphorique :

> « C'est toutefois par analogie que le mot de loi se voit appliqué aux choses naturelles, et communément l'on n'entend pas autre chose par loi qu'un commandement, que les hommes peuvent également exécuter ou négliger... »[40]

40. *Traité théologico-politique*, chap. IV.

Spinoza énonce ici clairement la distinction de l'ancienne loi-commandement (issue d'une volonté législatrice) et des lois de l'univers physique. Par là même, le domaine des sciences de la nature acquiert une autonomie à l'égard de l'ancienne forme de la loi. La légalité rigoureuse que Newton donne à la nature délimite un champ de la connaissance dépourvu de toute structure téléologique, où les régularités physiques ne sont plus confondues avec les décrets divins.

Encore fallait-il, pour achever cette révolution théorique, que la catégorie de loi de la nature ainsi élaborée soit étendue au domaine juridico-politique et même à toute l'étendue des êtres. C'est l'œuvre de Montesquieu : non seulement les lois sont « les rapports nécessaires qui dérivent de la nature des choses » (I, 1) mais « dans ce sens, tous les êtres ont leurs lois ; la Divinité a ses lois ; le monde matériel a ses lois ; les bêtes ont leur loi ; l'homme a ses lois » *(ibid.)*. En transférant la catégorie scientifique de la loi (la loi-rapport) « à tous les êtres », de Dieu à la pierre, Montesquieu, dans le même mouvement, annule ou évacue l'ancienne acception des domaines où elle prétendait encore légiférer : ceux de la loi divine, de la loi morale, de la loi humaine. On mesure le scandale à la réaction horrifiée du théologien dès la première objection dans la *Défense de l'Esprit des Lois* :

> « L'auteur tombe dès le premier pas. Les lois, dans la signification la plus étendue, dit-il, sont les rapports nécessaires de la nature des choses. Les lois, des rapports ! Cela se conçoit-il ? ... A quoi l'on ajoute que, dans ce sens, tous les êtres ont leurs lois : la Divinité a ses lois... »[41]

Certes Dieu ne disparaît pas, il est présent au titre de créateur, comme « raison primitive » mais la création elle-même obéit à des lois. Ce que souligne, dans la troisième objection, ledit théologien : l'auteur a dit que

> « la création, qui paraît être un acte arbitraire, suppose des règles aussi invariables que la fatalité des athées »[42].

Sur la fatalité (ou plutôt son absurdité), Montesquieu s'explique quelques lignes plus loin : « Quelle plus grande absurdité qu'une fatalité aveugle qui aurait produit des êtres intelligents ? » C'est qu'il ne faut pas confondre déterminisme et fatalité. Il n'en reste pas moins que Dieu voit sa propre création échapper à l'arbitraire d'une volonté toute-puissante et se soumettre à des règles. Et par ailleurs, si les lois sont les rapports entre cette « raison primitive » et les « différents êtres » ainsi que « les rapports de ces divers êtres entre eux », Dieu lui-même s'insère dans ce système de rapports,

> « Dieu même est, de l'intérieur, gagné par l'universelle contagion de la loi ! »[43]

Ainsi la catégorie newtonienne de la loi est-elle applicable hors du champ de la nature physique, généralisable à la sphère juridico-politique, à l'histoire :

---

41. pp. 1122-1123.
42. p. 1124.
43. Althusser, *op. cit.*, p. 25.

domaines jusque-là gouvernés par un ordre et une lecture téléologiques. Les théoriciens du droit naturel se tenaient encore dans une position quelque peu paradoxale : tout en essayant de penser l'origine proprement humaine des institutions, en sécularisant ou en laïcisant la loi divine, ils lui conservaient son ancienne structure dans la mesure où la loi naturelle était validée par la volonté du Créateur : l'idéalité et l'exemplarité de la loi naturelle attestent ici la permanence du schéma finaliste. Or on a vu que Montesquieu arrache les lois naturelles à ce contexte traditionnel en les définissant comme des **rapports** d'équité antérieurs aux lois positives qui les établissent : non que ces rapports les précèdent comme l'ordre idéal auquel elles doivent se conformer mais parce que ces rapports sont l'ordre même des phénomènes. La légalité rigoureuse des phénomènes physiques ne fait pas que délimiter le domaine des sciences de la nature, elle fournit le modèle de rapports systématiques, immanents à la réalité historique et politique des sociétés humaines. Cette substitution de la loi-rapport à la loi-commandement et à l'ancienne structure téléologique implique — comme on l'a vu — le refus de soumettre l'ordre du réel à un principe transcendant qui garantirait sa validité. A l'inverse, c'est de la diversité des phénomènes, donc des institutions, qu'est issue la possibilité de leur mise en ordre, la loi de leur composition et de leur unité. C'est bien ainsi que l'entend Montesquieu dans la **Préface** :

> « Je suivais mon objet sans former de dessein ; je ne connaissais ni les règles ni les exceptions ; je ne trouvais la vérité que pour la perdre. Mais quand j'ai découvert mes principes, tout ce que je cherchais est venu à moi... »

La méthode de Montesquieu (« je suivais mon objet sans former de dessein », autrement dit sans me référer à une certitude première dont serait déduit l'ensemble des propositions) est ici rigoureusement inspirée par la nouvelle démarche expérimentale.

Encore faut-il préciser — pour éviter toute ambiguïté — ce qu'entend Montesquieu lorsqu'il déclare :

> « Je ne traite point des lois, mais de l'**esprit** des lois... » (I, 3)

D'une part Montesquieu ne s'intéresse pas aux faits pour eux-mêmes (en raison de leur intérêt historique) mais en rapport avec les lois qui s'en dégagent. Donc, prévient-il dès la Préface, « on ne trouvera point ici ces traits saillants qui semblent caractériser les ouvrages d'aujourd'hui ». « Étendre sa vue au loin » : tel est l'idéal de Montesquieu. Et Starobinski souligne à ce propos le privilège du regard et de la vision dans cette pensée qui n'en finit jamais de voir le spectacle du monde[44]. Les détails cependant importent et le goût de l'anecdote, le plaisir de la singularité n'expliquent pas tout. Dans cette vision surplombante (« on ne regarde les parties que pour juger du tout ensemble »), dans ce « regard vertical » qui veut embrasser tous les aperçus de détail, tout se passe comme si l'ordre logi-

---

44. J. Starobinski, *op. cit.*, pp. 35-36.

que et discursif de la démonstration importait moins que l'appréhension d'une simultanéité qui, du même coup, donnerait à voir les liens, les enchaînements causals. Voilà qui rendrait compte, peut-être, de l'apparent désordre de l'*Esprit des Lois*. Si « l'intention d'une vision totale » habite le projet de Montesquieu, les raisonnements discursifs coexistent (non sans difficulté pour le lecteur ou l'interprète) avec les « traits saillants » et les détails singuliers : mais tous se rapportent au même regard.

D'autre part, les lois positives, les lois particulières, les institutions sont ici la matière des faits : ce n'est pas d'elles — en tant qu'objets particuliers — dont traite Montesquieu. C'est de l'**esprit** des lois. La diversité phénoménale des institutions amène donc à considérer non leur existence empirique mais leur structure constitutive, les lois de composition et d'évolution qui les régissent, les lois de leurs rapports réciproques, les liens constants qui les unissent aux diverses conditions extérieures. Ainsi les lois sont-elles relatives au physique du pays, aux climats, à la géographie, aux genres de vie, aux mœurs. Elles entretiennent des rapports entre elles, avec leur origine et l'objet du législateur (I, 3). Seul l'esprit des lois (les lois des lois), peut rendre intelligible la diversité apparemment incohérente des phénomènes politiques et sociaux. Mais, ayant donné à la loi sa « signification la plus étendue » (de Dieu à la pierre), Montesquieu n'ignore pas que le monde intelligent est irréductible au monde physique et que le déterminisme des faits ne s'y applique pas de même manière. La loi dans « sa signification la plus étendue » régit — plus ou moins rigoureusement selon des modalités diverses — l'ensemble de l'Univers. Et « il s'en faut bien que le monde intelligent soit aussi bien gouverné que le monde physique » : l'unité n'implique pas l'uniformité. De la matière inerte aux êtres vivants puis à l'homme, les écarts se multiplient. L'homme, sujet à l'erreur, doué de liberté, viole sans cesse « les lois que Dieu a établies, et change celles qu'il établit lui-même ». Les lois n'en sont pas moins invariables mais la liberté entraîne la désobéissance. Or plutôt que de déplorer cet écart et de juger la faiblesse humaine en moraliste, plutôt que de mesurer ce qui est à ce qui devrait être, Montesquieu s'attache à dire « ce qui est et non pas ce qui doit être ». Nous vivons donc dans des institutions établies, souvent mal faites, injustes et arbitraires :

> « La plupart des législateurs ont été des hommes bornés que le hasard a mis à la tête des autres, et qui n'ont presque consulté que leurs préjugés et leurs fantaisies. Il semble qu'ils aient méconnu la grandeur et la dignité de leur ouvrage : ils se sont amusés à faire des institutions puériles, avec lesquelles ils se sont à la vérité conformés aux petits esprits, mais décrédités auprès des gens de bon sens. »[45]

L'homme est cet être qui — dans la désobéissance — ne cesse de manifester l'écart entre « la loi de la raison » et « les raisons des lois ». Mais c'est à cet écart

45. *Lettres Persanes*, Lettre CXXIX, Œuvres complètes, t. 1, p. 322.

même que Montesquieu s'attache, refusant à la fois la transcendance d'un Droit idéal et le positivisme sociologique. On dira alors (difficulté déjà abordée) que l'articulation d'une position normative et de l'investigation scientifique pose problème : la nature et la loi désignent la constance des relations physiques mais le législateur est invité à élaborer des institutions dans « l'esprit de modération » car

> « le bien politique, comme le bien moral, se trouve toujours entre deux limites »[46].

Et l'on associera la normativité du livre XXIX (« De la manière de composer les lois ») à la position qu'il occupe dans l'ouvrage : n'étant suivi que par deux livres historiques, il constitue la conclusion théorique de l'*Esprit des Lois*. Mais cette difficulté, nous entendons la signaler, sans vouloir pour autant trancher dans la querelle classique d'un « Montesquieu contradictoire » ni en appeler — comme le fait Althusser — à la persistance de la loi divine, de la loi-devoir derrière la loi scientifique, bref à « la confusion des ordres ». On se demandera plutôt si l'examen des lois et des institutions sociales interdit à l'auteur de sortir d'un point de vue sociologique et d'envisager les solutions possibles du problème politique. Devrait-il, sous prétexte qu'il dit « ce qui est », renoncer à juger ?

46. *Esprit des Lois*, livre XXIX.

II - Montesquieu et l'intelligence de l'histoire

A - « CE N'EST PAS LA FORTUNE QUI DOMINE LE MONDE... »

Prétendre « qu'une fatalité aveugle a produit tous les effets que nous voyons dans le monde » est une absurdité. Rendre l'histoire intelligible, ce n'est donc pas se rendre au fatalisme. Pas plus ne saurait-on livrer la diversité apparemment incohérente des événements, des institutions au simple hasard. Derrière « l'apparence bariolée des événements », Montesquieu veut déceler la raison qui gouverne, par exemple, la grandeur et la décadence des peuples. Aussi écrit-il, dès 1734, quatorze ans avant l'*Esprit des Lois* :

> « Ce n'est pas la fortune qui domine le Monde. On peut le demander aux Romains qui eurent une suite continuelle de prospérités quand ils se gouvernèrent sur un certain plan, et une suite non interrompue de revers lorsqu'ils se conduisirent sur un autre. Il y a des causes générales, soit morales, soit physiques, qui agissent dans chaque monarchie, l'élèvent la maintiennent ou la précipitent ; tous les accidents sont soumis à ces causes, et, si le hasard d'une bataille, c'est-à-dire une cause particulière, a ruiné un État, il y avait une cause générale qui faisait que cet État devait périr par une seule bataille. En un mot l'allure principale entraîne avec elle tous les accidents particuliers. » [47]

---

47. *Considérations sur les causes de la grandeur des Romains et de leur décadence*, chap. XVIII, Œuvres complètes, t. 2, p. 173.

Voir également *Esprit des Lois*, X, 13 : « Ce ne fut point Pultava qui perdit Charles ; s'il n'avait été détruit en ce lieu, il l'aurait été dans un autre. Les accidents de la fortune se réparent aisément ; on ne peut pas parer à des événements qui naissent continuellement de la nature des choses. »

Ce texte est important non seulement parce qu'une nécessité rationnelle gouverne l'histoire mais aussi parce que la causalité à laquelle il fait appel ne se présente pas comme un enchaînement linéaire, sur le mode d'une ligne unique de déroulement. Il y a des causes générales — morales ou physiques — et des causes particulières qui se combinent entre elles : une causalité complexe rend l'histoire intelligible, l'histoire est « pluricausale ».

Certes, Montesquieu rompt avec la théologie de l'histoire, avec une lecture qui ferait de l'histoire la réalisation du plan ou du dessein divin. Il exclut — par le recours à cette causalité complexe — l'idée que la providence divine gouverne le monde et que les hommes et les événements sont des instruments dans la main de Dieu. Telle est la thèse d'un Bossuet qui, dans le *Discours sur l'histoire universelle* (1684), voit en Dieu le maître de la grandeur et de la décadence des empires. Même si ce providentialisme unit dans une même dynamique historique causes générales et causes particulières, il lui importe avant tout de retrouver — derrière le hasard ou l'irrégularité des éléments — la dimension religieuse : Dieu est le maître des peuples et la rationalité historique, si elle existe, reste extérieure au vouloir et à la compréhension des hommes.

On mesurera donc la rupture opérée par Montesquieu : la nécessité rationnelle qui gouverne l'histoire n'est plus cette raison théologique et transcendante. Pas plus n'accepte-t-il de livrer le chaos des événements au scepticisme, dans une histoire de la déraison ou du non-sens. Ni la fortune ni la Providence divine ne gouvernent le monde : reste la nécessité rationnelle qui donne au devenir des sociétés un fondement immanent. Mais le pluralisme des causes, la combinaison des causes particulières dans « l'allure générale », implique un système de rapports, un ensemble de relations où la volonté humaine n'est pas cause unique. Certes l'histoire ne se fait pas sans l'homme mais elle ne se fait pas non plus sans « le climat, la religion, les lois, les maximes du gouvernement, les exemples des choses passées, les mœurs, les manières : d'où il se forme un esprit général qui en résulte » (XIX, 4). Montesquieu conçoit donc l'esprit général d'une nation comme la résultante d'une composition de forces non hiérarchisées, impliquant des équilibres variables. Si « le monde intelligent n'est pas aussi bien gouverné que le monde physique », il est clair que la situation ne peut être aussi simple et univoque en histoire qu'en physique. La physique mathématique est de l'ordre du « fait », le savoir du monde historique reste encore à constituer.

Mais on voit que Montesquieu refuse de déduire une situation d'ensemble des causes physiques (géographie, climat...) comme des causes spirituelles (mœurs, religion, vertus morales) : les équilibres, répétons-le, sont variables et les primautés se déplacent :

> « A mesure que dans chaque nation, une de ces causes agit avec plus de force, les autres lui cèdent d'autant. La nature et le climat dominent presque seuls sur les sauvages ; les manières gouvernent les Chinois ; les lois tyrannisent le Japon ; les mœurs donnaient autrefois le ton dans Lacédémone ; les maximes du gouvernement et les mœurs anciennes le donnaient dans Rome. » *(ibid.)*

Aucune série causale n'est absolument déterminante : nature et histoire interfèrent et il appartient au législateur d'harmoniser au mieux les divers facteurs, d'adapter la législation au donné.

Cela étant, quels sont ces « principes » qu'a posés Montesquieu et auxquels les cas particuliers se sont pliés « comme d'eux-mêmes » ? Quelle est au juste cette rationalité immanente au devenir historique ?

B - « IL Y A TROIS ESPÈCES DE GOUVERNEMENT... »

Le livre II de l'*Esprit des Lois* s'ouvre sur la distinction de trois formes politiques : république (aristocratique ou démocratique), monarchie, despotisme. Chaque type de gouvernement se définit par sa nature, « ce qui le fait être tel ». Montesquieu précise que cette nature consiste dans le nombre de ceux qui détiennent la souveraineté : la **république** est le gouvernement dans lequel le peuple en corps (république démocratique) ou une partie du peuple (république aristocratique) détient « la souveraine puissance ». Le **régime monarchique** est celui où « un seul gouverne par des lois fixes et établies ». Enfin, dans le **régime despotique**, « un seul, sans loi et sans règle, entraîne tout par sa volonté et par ses caprices ». De la distinction entre ces deux dernières formes, il suit que les modalités d'exercice de la souveraineté (gouverner selon des lois fixes et établies ou gouverner dans le caprice et l'arbitraire) accompagnent la détermination quantitative. Tous, plusieurs ou un seul gouvernent. Comment gouvernent-ils ? Qui exerce le pouvoir ? Selon quelles modalités ? Voilà ce qu'il faut entendre par **nature** du gouvernement.

Avant d'aller plus loin, on remarquera que Montesquieu ne reprend pas la typologie classique des formes de régimes telle que l'avait établie Aristote. Au livre III de la *Politique* (dont le chap. VII est à cet égard le texte essentiel), ce dernier distingue trois formes correctes de gouvernement (c'est-à-dire orientées vers l'intérêt commun) : royauté, aristocratie et « politeïa ». Cette dernière forme désignant le régime où la masse des citoyens gouverne en vue de l'intérêt commun : on traduira approximativement par « gouvernement populaire ». Lorsque ces trois formes dégénèrent, l'intérêt particulier des gouvernants se substitue à l'intérêt général : la monarchie se dégrade en tyrannie, l'aristocratie en oligarchie et la « politeïa » se corrompt en démocratie. La classification aristotélicienne n'est pas séparable de l'opposition entre régimes légitimes (ordonnés, quelle que soit leur forme, au souci du bien commun) et régimes dégénérés, pervertis par la recherche de l'intérêt particulier des dirigeants. Aussi cette typologie est-elle à la fois descriptive et normative dans la mesure où les formes dégénérées

« se produisent toutes contrairement à la nature » (III, 17). Même si certains facteurs prédisposent un peuple à la monarchie ou à l'aristocratie ou à un « gouvernement libre » (politeïa), jamais un peuple n'est « naturellement destiné » à l'une ou l'autre de ses déviations. On reconnaîtra là la marque de ce que Léo Strauss a appelé « le droit naturel classique », où la politique est commandée par une représentation **téléologique** de l'existence humaine. L'homme est par nature « un vivant politique » ne pouvant réaliser son excellence que dans la cité, et la question du ou des « bons régimes » découle évidemment de cette perspective.

Non seulement Montesquieu déplace (ou décale) cette classification en distinguant modalité démocratique et modalité aristocratique, mais il fait de la République une forme politique spécifique. L'usage de ce dernier terme n'est pas univoque. La « res publica » a d'abord signifié l'organisation politique, la constitution, l'État. Mais à côté de ce sens général, le terme a désigné — dès le début du XVIIIe siècle — un régime politique ou une constitution non monarchique. C'est bien ainsi que le définit Montesquieu :

> « Le gouvernement républicain est celui où le peuple en corps, ou seulement une partie du peuple, a la souveraine puissance. »

L'usage du terme est d'autant moins unifié que Rousseau, dans le *Contrat social*, appellera République « tout état régi par des lois, sous quelque forme d'administration que ce puisse être... en général tout gouvernement guidé par la volonté générale, qui est la loi » (II, 6). Rousseau désignerait alors du nom de République ce qu'Aristote appelait « politeïa » : une constitution « régulière » légitime.

Quant au despotisme, régime « corrompu par sa nature »[48], Montesquieu y voit la figuration du mal politique : sa condamnation radicale nous conduira à reposer la question des rapports entre le normatif et le descriptif, le jugement et la classification empirique.

A s'en tenir là, à caractériser la nature d'un gouvernement par la détention du pouvoir et ses modalités d'exercice, on en resterait à une définition purement formelle et quasi juridique. Or il faut articuler à chaque « structure particulière » (la nature qui la fait être telle) le *principe* qui la fait agir, à savoir les « passions humaines » qui en sont le ressort : vertu républicaine, honneur monarchique, crainte dans le gouvernement despotique. L'hypothèse de Montesquieu est donc qu'à chaque système politique correspond une passion dominante : vertu, honneur ou crainte. Il ne s'agit pas seulement que tels sentiments, tels affects politiques accompagnent le fonctionnement du système : ils en sont le « ressort », l'impulsion qui le maintiennent, le régulent et le conservent. Car la corruption des formes commence par la défaillance des principes :

---

48. *Esprit des Lois*, VIII, 10.

> « La corruption de chaque gouvernement commence presque toujours par celle des principes. » (VIII, 1)

La passion dominante d'une forme politique est son principe vital, « ce qui le fait agir » et donc ce qui rend possible son fonctionnement. On le voit très clairement à propos du « gouvernement populaire » (république démocratique) : le peuple est à la fois législateur et sujet. Il a d'autant plus besoin de vertu qu'il n'est ni au-dessus des lois ni asservi à la volonté du despote. Losque la vertu défaille, la république cesse d'être.

Ce n'était certes pas un lieu commun que de théoriser ainsi la place des affects dans la vie politique : voilà qui interdirait au demeurant de transformer Montesquieu en sociologue « positiviste », attentif au seul fonctionnement des institutions. Il considère l'affectivité comme une dimension constitutive de l'histoire et de la réalité politique. Aussi l'existence de sentiments politiques est-elle mise en avant dès l'*Avertissement* de l'*Esprit des Lois* :

> « Ce que j'appelle la vertu dans la république est l'amour de la patrie, c'est-à-dire l'amour de l'égalité. Ce n'est point une vertu morale, ni une vertu chrétienne, c'est la vertu **politique**... J'ai eu des idées nouvelles ; il a bien fallu trouver de nouveaux mots, ou donner aux anciens de nouvelles acceptions. »

Il importe de remarquer que cette non-coïncidence de la morale et de la politique (la politique ne se réduit pas aux exigences morales) est réaffirmée au livre XIX (chap. XI) :

> « J'ai seulement voulu faire comprendre que tous les vices politiques ne sont pas des vices moraux, et que tous les vices moraux ne sont pas des vices politiques... »

Lorsque Montesquieu semble nuancer (voire contredire) cette distinction, il précise :

> « Je parle ici de la vertu politique, qui est la vertu morale dans le sens qu'elle se dirige au bien général, fort peu des vertus morales particulières et point du tout de cette vertu qui a du rapport aux vérités révélées. » (III, 5, note)

Mais il n'y a ici nulle contradiction car Montesquieu n'est pas « immoraliste ». La vertu politique est morale si elle vise le bien et l'intérêt communs.

> « L'homme de bien » doit « avoir l'intention de l'être, et aimer l'État moins pour soi que pour lui-même. » (III, 6)

A première vue, la similitude est grande avec l'inspiration aristotélicienne. Aristote insistait déjà sur la distinction de la vertu civique et de la vertu morale (la vertu achevée de l'homme de bien) : la première est relative aux diverses formes politiques (il y a plusieurs espèces de vertus civiques en fonction de la pluralité des constitutions), la seconde n'a qu'une seule forme et ne varie ni avec les circonstances ni selon les individus. De plus, le thème de la vertu ne se comprend ici que dans une idée de la politique orientée vers la réalisation du Bien commun. Et Montesquieu semble bien suivre cette inspiration en définissant la vertu politique comme « une préférence continuelle de l'intérêt public au sien propre » (IV, 5).

Mais si l'on admet la rupture entre le « droit naturel classique » (où la politique est régie par une conception téléologique de l'existence humaine) et le « droit naturel moderne » (où l'existence humaine n'a pas de « fin naturelle » et où la politique a pour fonction d'assurer la sécurité et la liberté des individus), le sens du concept de vertu peut-il demeurer identique ? Certains commentateurs [49] ont souligné que si la vertu politique n'est plus rapportée à la fin qui transcende l'ordre de la cité, elle doit nécessairement avoir un rôle instrumental : elle « n'est plus en elle-même la fin de l'existence humaine, elle n'est qu'un moyen de la participation de tous au pouvoir » [50]. Et donc la distinction opérée par Montesquieu entre vertu morale et vertu politique ne serait ni une reprise du schéma aristotélicien ni un simple fait terminologique. Elle témoignerait — en dernière analyse — du libéralisme politique de Montesquieu :

> « La vertu et l'autonomie doivent être comprises comme se trouvant, en dernière analyse, au service de la préservation collective et de la possession des biens matériels. » [51]

Mais avant d'en venir aux choix politiques de Montesquieu, on soulignera que la question des passions n'est pas traitée par lui à la manière des moralistes classiques. On dira, pour faire bref, que la passion est traditionnellement définie comme dépendance à l'égard du corps et comme passivité fondamentale (voir l'étymologie : du latin *patior*). Inscrite avant tout dans le champ de la morale, l'analyse des passions fait de ces dernières l'objet d'une condamnation radicale au nom de la liberté et d'un idéal de maîtrise rationnelle. Seul (ou presque) Spinoza échappe à la perspective traditionnelle d'une conception strictement « moraliste » des passions : l'existence passionnelle est irréductible et, qui plus est, le déploiement des passions se constitue en existence politique.

Si Montesquieu raisonne en « moraliste » [52], ce n'est ni pour condamner les passions ni pour les transformer :

> « On dit ici ce qui est, et non pas ce qui doit être : l'honneur est un préjugé, que la religion travaille tantôt à détruire, tantôt à régler. » [53]

---

49. Notamment T. Pangle, *Montesquieu's philosophy of liberalism, A Commentary on the Spirit of Laws*, The University of Chicago Press, Chicago et Londres, 1973. Sa thèse est longuement discutée par B. Manin dans les *Cahiers de philosophie politique* de l'Université de Reims, numéro spécial sur Montesquieu. Il s'agit de l'article « Montesquieu et la politique moderne », pp. 157-229, auquel nous nous référons souvent dans la suite de l'analyse.

50. B. Manin, *art. cit.*, p. 174, traduit la thèse de Pangle.

51. *Ibid.*, p. 175.

52. Corrado Rosso, *Montesquieu moraliste*, trad. française, 1971, Ducros.

53. *Esprit des Lois*, IV, 2, note.

Même constituée de préjugés, la passion agit en « ressort » spécifique de chaque type de gouvernement. Ce qui intéresse précisément Montesquieu, ce sont les sentiments politiques, les normes de comportement qui rendent possible le maintien d'une forme politique. Loin d'être rejetées du côté de l'irrationnel, comme si la vie politique relevait de la seule logique rationnelle, les passions dominantes sont constitutives, régulatrices du système.

C - LA NATURE ET LE PRINCIPE

Leur articulation permet donc d'élaborer une philosophie politique, au sens d'une interprétation des formes étatiques, et une philosophie de l'histoire, c'est-à-dire une interprétation de leur devenir. Cassirer[54] a vu dans ce rapport nature-principe l'un des apports essentiels de Montesquieu. Ce dernier aurait conçu et exprimé pour la première fois la notion de « type idéal » telle qu'elle sera théorisée par Max Weber : la reconstruction intelligible d'une réalité historique, qui ordonne les caractéristiques du phénomène. Il s'agit d'un type, puisqu'il ordonne les relations singulières et empiriques. Il est idéal car il ne correspond pas nécessairement — en raison de son abstraction — à la réalité empirique. Trois « types idéaux » seraient ainsi constitués : la république (inspirée du modèle antique), la monarchie (constituée à partir des monarchies européennes), le despotisme (à partir des empires asiatiques)[55]. Leur « idéalité » est attestée par le chapitre XI du livre III :

> « Tels sont les principes des trois gouvernements : ce qui ne signifie pas que, dans une certaine république, on soit vertueux ; mais qu'on devrait l'être. Cela ne prouve pas non plus que, dans une certaine monarchie, on ait de l'honneur, et que, dans un État despotique particulier, on ait de la crainte ; mais qu'il faudrait en avoir : sans quoi le gouvernement sera imparfait. »

Aucune de ces formes politiques, ramenée à sa structure essentielle, ne coïncide exactement avec la réalité des phénomènes empiriques : l'écart de l'être et du devoir-être ne renvoie pas ici à la nostalgie du moraliste ni au regret d'une perfection inacessible. Il signifie que le modèle construit par abstraction est la structure même des phénomènes, à condition de ne jamais oublier la distance introduite par l'errance même des hommes : « Il s'en faut que le monde intelligent soit aussi bien gouverné que le monde physique. » C'est dans cet écart que

54. *Op. cit.*
55. *Lettres Persanes*, Lettre CXXXI.

s'institue la tâche du législateur, lequel ne se trouve « jamais dans la situation de l'origine »[56], de la « table rase ».

> « Ce que le législateur affronte à chaque moment est bien un donné dont il n'a pas l'absolue maîtrise... »[57]

Par là nous devons comprendre que la loi qui régit les formes particulières n'est jamais **pleinement** réalisée ni exprimée dans aucune d'elles. Cela ne change rien, commente en substance Cassirer, à son importance. Les formes « idéales » ainsi dégagées ne sont pas des « réalités empiriques concrètes. Plutôt qu'un être, c'est un devoir-être qu'elles expriment »[58]. De l'être au devoir-être, on va des phénomènes à la loi qui les régit, à « l'universalité de sens qui s'exprime dans les formes d'État particulières »[59].

56. Manin, *art. cit.*, p. 171.
57. *Ibid.*, p. 167.
58. *Op. cit.*, p. 219.
59. *Ibid.*

III - La méditation sur la politique

A - LES TROIS GOUVERNEMENTS

1. Le despotisme

On commencera par le despotisme car une chose est claire : sa condamnation réitérée et sans appel. Elle s'énonce dès la classification initiale du livre II :

> « Un seul, sans loi et sans règle, entraîne tout par sa volonté et par ses caprices. »

La description qu'en donne l'*Esprit des Lois* (mais déjà les *Lettres Persanes*) est si noire qu'on s'est demandé si ce gouvernement avait jamais existé ailleurs que dans l'imagination de Montesquieu. On répondra qu'en toute logique il ne s'agit pas d'une enquête historique et sociologique mais d'une démonstration politique. Propos normatif, certes, mais surtout **« démonstration par l'absurde »** [60] qu'une telle forme rentre à peine — ou pas du tout — dans la typologie des régimes politiques.

Son principe est la crainte, laquelle est aussi la source de l'éducation. L'obéissance la plus absolue y est requise, la volonté du despote est érigée en loi, l'arbitraire y tient lieu de droit : « On a reçu l'ordre et cela suffit. » Aussitôt, cependant, la force apparente se renverse en faiblesse, l'équilibre est plus que

60. J. Ehrard, *L'idée de nature en France à l'aube des Lumières*, Flammarion, 1970, p. 287.

précaire : « Il tyrannise le despote même. » Si l'arbitraire et le caprice sont érigés en loi, la volonté est momentanée, instable, évanescente : « Il n'y a point de lois fondamentales, il n'y a pas non plus de dépôt de lois. » L'immédiateté est la règle : entendons par là que « la loi étant la volonté momentanée du prince, il est nécessaire que ceux qui veulent pour lui, veuillent subitement comme lui » (V, 16). Du caprice, de l'absence de médiation, de « dépôt » naît l'éphémère. Le despote lui-même est à la merci d'une sédition, souvent imprévisible, en sorte que

> « dans ces États, il ne se forme point de petite révolte, et qu'il n'y a jamais d'intervalle entre le murmure et la sédition ; qu'il ne faut point que les grands événements y soient préparés par de grandes causes ; au contraire le moindre accident produit une grande révolution, souvent aussi peu prévue de ceux qui la font, que de ceux qui la souffrent »[61].

Ajoutons à cela la pauvreté économique, « l'incertitude des fortunes », la misère qui « vient donc de toutes parts dans ces pays malheureux ». De l'arbitraire provient également l'impossibilité des règles et des transactions commerciales : il n'y a pas de « tiers-état, qui doit former les ouvriers et les marchands » (XXII, 14).

En dépit de tout cela, dans les états despotiques règne une sorte de tranquillité, produit de la terreur. Mais précise Montesquieu, « ce n'est point une paix, c'est le silence de ces villes que l'ennemi est près d'occuper » (V, 14). De cette tranquillité factice, on rapprochera l'analyse du chapitre IX des *Considérations sur la grandeur des romains et leur décadence* : la tranquillité ainsi entendue est exclusive de la liberté, la paix est trompeuse et dans ce pseudo « accord » du despotisme asiatique, l'union n'y est pas celle des citoyens « mais des corps morts », ensevelis les uns après les autres. L'équilibre de la terreur fait du despotisme un régime quasi mortifère.

Comment expliquer alors qu'à ce régime « contre nature », la plupart des peuples soient soumis ? Malgré « l'amour des peuples pour la liberté, malgré leur haine pour la violence » (V, 14), le despotisme règne sur les vastes étendues de l'Asie, l'Empire ottoman, la Moscovie. C'est qu'il ne requiert aucun effort de législation, « il ne faut que des passions pour l'établir ». La peur y règne uniformément, chacun a peur de chacun. Sans aller jusqu'à l'hypothèse d'une « servitude volontaire », on pourra qualifier le despotisme de « solution paresseuse » :

> « « Il ne faut que des passions pour l'établir, tout le monde est bon pour cela. » (V, 14)

Le propos de Montesquieu est normatif, certes, mais il va encore au-delà. Le despotisme apparaît — dans son excès même — comme une monstruosité, une forme quasi tératologique. Fondé non sur un excès, une hypertrophie du politique mais sur sa disparition : un seul gouverne sans lois et sans règles. Cette

61. *Lettres Persanes*, Lettre LXXX, Œuvres complètes, t. 1, p. 253.

image du « mal politique » est en réalité l'image du mal de sa disparition, mal qui hante à l'horizon les monarchies d'Europe. « Toutes les monarchies vont se perdre dans le despotisme comme les fleuves dans la mer. » La question est précisément que cette forme tératologique, absurde, instable, contre nature, puisse rencontrer le désir des hommes : sujets à mille passions, ils peuvent à tous les instants « s'oublier » eux-mêmes (voir I, 1), aspirer au repos et vouloir s'endormir. « La servitude commence toujours par le sommeil. » (XIV, 14). Là réside le danger du despotisme : dans le désir de la tranquillité à tout prix, dans la fascination pour l'inertie. Même si ce régime monstrueux n'est jamais pleinement réalisé dans l'histoire, il est la figure d'un « mal » qui se profile à l'horizon du politique.

La parenté avec Aristote est, en un sens, indéniable : pour ce dernier, on l'a vu, les régimes dégénérés sont en droit irrecevables : à peine peuvent-ils être qualifiés de « politeiaï » (constitutions correctes). La tyrannie en particulier est aux limites de la dissolution du politique (elle contrevient à la définition de l'homme comme « vivant politique »).

Dans une perspective moderne, Montesquieu met en garde contre la tentation du despotisme. Sa critique n'est pas circonstancielle, pas plus que ne l'était celle de Hobbes au livre I. On ne peut approuver ni justifier les « États où les lois ne sont rien, ou ne sont qu'une volonté capricieuse et transitoire du souverain » (XXVI, 2). Le point capital est pour Montesquieu l'existence d'une médiation, d'un « dépôt » des lois, propres aux gouvernements modérés : république **ou** monarchie. Si donc le despotisme est rejeté comme régime contre nature, aux marges du politique, un nouveau clivage se substitue à la tripartition précédente : celui des gouvernements modérés (république ou monarchie) et des gouvernements non modérés (despotisme). Montesquieu est clair sur ce point :

> « L'inconvénient n'est pas lorsque l'État passe d'un gouvernement modéré, comme de la république à la monarchie, ou de la monarchie à la république ; mais quand il tombe et se précipite du gouvernement modéré au despotisme. » (VIII, 8)

En toute rigueur, on pourrait dire, et compte tenu de ce qui précède : il y a deux espèces de gouvernements (recevables, ou « modérés »). On tentera maintenant d'en analyser les caractères et d'élucider ce concept fondamental de « modération ».

2. Le régime républicain

Le régime républicain a pour principe la vertu, « l'amour de la patrie, c'est-à-dire l'amour de l'égalité ». Inspiré des républiques antiques (la Rome républicaine essentiellement), le tableau que brosse Montesquieu est double : empreint de nostalgie à l'égard des vertus passées et donnant à voir une sorte de norme idéale. La vertu est le propre exclusif du régime républicain ; rien n'y supplée : ni la position d'un monarque au-dessus des lois ni celle d'un despote au bras toujours levé. Tout tient — pour la conservation de la république — à l'amour des lois et de la patrie qui requiert « une préférence continuelle de l'intérêt public au sien propre [et] donne toutes les vertus particulières ; elles ne sont que cette préférence » (IV, 5). Mais l'amour de la chose publique est difficile puisqu'il faut renoncer à soi-même, ce « qui est toujours une chose très pénible » *(ibid.)*. Le chapitre I des *Considérations...* qui traite des commencements et des guerres de la Rome antique précise qu'en ces circonstances difficiles d'une société en train de naître

> « la constance et la valeur leur devinrent nécessaires, et ces vertus ne purent être distinguées chez eux de l'amour de soi-même, de sa famille, de sa patrie et de tout ce qu'il y a de plus cher parmi les hommes ».

Tout, dans la description de Montesquieu, renvoie au modèle antique : l'héroïsme du commencement républicain, l'amour de l'égalité (dans la démocratie), celui de la « frugalité » (V, 3). Rien de commun ici avec la misère passive du despotisme : la « frugalité générale » accompagne l'ambition de servir la patrie, le « désir d'avoir » est borné au nécessaire.

> « Il y a deux sortes de peuples pauvres : ceux que la dureté du gouvernement a rendus tels ; et ces gens-là sont incapables de presque aucune vertu, parce que leur pauvreté fait une partie de leur servitude ; les autres ne sont pauvres que parce qu'ils ont dédaigné, ou parce qu'ils n'ont pas connu les commodités de la vie ; et ceux-ci peuvent faire de grandes choses parce que cette pauvreté fait une partie de leur liberté. » (XX, 3)

On reconnaît là des thèmes qui ne sont pas propres à Montesquieu : la référence à l'antique, le thème de la « médiocrité » économique, la nostalgie d'une Rome et d'une Sparte idéalisées habitent la pensée du XVIIIe siècle et culminent dans la Révolution française qui peuple son imaginaire de Cincinnatus, Caton ou Brutus.

Mais, au-delà du « mythe » romain, la question politique demeure : celle d'une actualisation (ou d'une réactualisation) possible de la république et de la vertu ainsi thématisée. Il ne faut pas oublier l'adaptation aux circonstances, à « l'esprit général » d'une nation et au monde moderne. Parmi les « propriétés distinctives » de la république, on trouve l'exiguïté du territoire, « sans cela elle ne peut guère subsister ». La grandeur du territoire favorise l'accroissement des fortunes particulières, la détention du pouvoir aux mains d'un individu, la particularisation des intérêts et le sacrifice du bien commun à des considérations d'exception (VIII, 16). Ainsi, comme le montre l'exemple des Romains, ce ne furent pas les divisions qui perdirent Rome mais l'agrandissement de l'Empire (du territoire) et l'extension de la Ville (du droit de citoyenneté)[62].

Qu'en est-il, de surcroît, de la compatibilité entre l'austère vertu de la République et l'esprit du monde moderne ? Les politiques grecs parlaient de vertu, « ceux d'aujourd'hui ne nous parlent que de manufactures, de commerce, de

62. *Considérations...*, chap. IX.

finances, de richesses et de luxe même» (III, 3). On peut certes le déplorer et Montesquieu ne s'en prive pas lorsqu'il évoque l'action des peuples anciens, étonnante voire incompréhensible pour «nos petites âmes» (IV, 4). Sans doute la vertu républicaine exige-t-elle beaucoup, trop en tout cas pour «nos petites âmes». Concluons alors que «l'esprit général» de la modernité est incompatible avec le type républicain fondé sur la vertu et que les conditions du monde moderne ne permettent pas de le réactualiser.

3. *La monarchie*

C'est un lieu commun de l'interprétation que de faire de Montesquieu un partisan de la monarchie constitutionnelle, imprégné du modèle anglais, et théoricien de la séparation des pouvoirs.

Les monarchies européennes fournissent à Montesquieu le modèle du régime fondé sur l'honneur. De la monarchie en effet la vertu est absente. Les mœurs courtisanes favorisent bien plutôt l'ambition individuelle, l'oisiveté, la flatterie, etc., non seulement chez les courtisans eux-mêmes mais aussi chez les «inférieurs»; de tels vices gagnent le peuple dans son ensemble. Il s'en faut donc que la vertu soit le ressort d'un tel gouvernement : l'honneur y supplée. Montesquieu n'hésite pas à le définir comme «préjugé de chaque personne et de chaque condition». Mais cette connotation moralement négative n'interdit pas son efficacité politique[63] : il peut «inspirer les plus belles actions; il peut, joint à la force des lois, conduire au but du gouvernement comme la vertu même» (III, 6). Montesquieu use de l'image mécaniste : dans les monarchies, on fait faire le maximum avec le minimum de vertu, «comme dans les plus belles machines, l'art emploie aussi peu de mouvements, de forces et de roues qu'il est possible» (III, 5). «Chacun va au bien commun, croyant aller à ses intérêts particuliers (III, 7) : une «main invisible», une «ruse de la raison» semble opérer, dans la monarchie, la réalisation de l'intérêt commun par la médiation des intérêts particuliers. Nulle part ailleurs que dans ces textes «n'apparaît mieux la dissociation de la vertu morale et de la vertu politique : l'honneur est «faux» mais «utile au public» (III, 7), il est polymorphe, il permet la «galanterie» ou la «ruse» ou «l'adulation»... Il «entre dans toutes les façons de penser et toutes les manières de sentir, et dirige même les principes. Cet honneur bizarre fait que les vertus ne sont que ce qu'il veut, et comme il veut» (IV, 3).

Cette ambivalence de l'honneur — moralement négatif et politiquement efficace — le situe en-deçà de la vertu républicaine mais le rend préférable à la crainte despotique. L'honneur a ses lois et ses règles (auquel il doit se conformer) : il lui faut une «constitution fixe» et «des lois certaines». C'est là qu'intervient le clivage essentiel entre gouvernements modérés et non modérés.

---

63. Ce que souligne Corrado Rosso, *op. cit.*, p. 98.

La république se fonde sur la vertu égalitaire, la monarchie sur l'honneur inégalitaire mais elles ont en commun que nul n'y gouverne par l'arbitraire et en dehors des lois.

B - LA MODÉRATION LE CHOIX DE LA PLURALITÉ

La modération est la vertu du législateur.

> « Je le dis, il me semble que je n'ai fait cet ouvrage que pour le prouver, l'esprit de modération doit être celui du législateur. » (XXIX, 1)

Entendons par là que le législateur adaptera son activité à la diversité des circonstances : temps, lieux, climats, mœurs... Car jamais il n'est en présence d'un néant de société, d'une sorte de table rase à partir de laquelle il pourrait constituer son édifice avec une totale maîtrise. Il lui faut être attentif « à ne point changer l'esprit général d'une nation » (XIX, 6). La « modération » désigne donc cette qualité du législateur de savoir conformer la législation aux manières d'être particulières et c'est « un très grand hasard si celles d'une nation peuvent convenir à une autre » (I, 3).

En un deuxième sens — on l'a vu — la « modération » désigne aussi le caractère des régimes autres que le despotisme, dans lesquels s'opère une combinaison et une régulation des puissances. Chacune est alors « en état de résister à une autre ; c'est un chef-d'œuvre de législation que le hasard fait rarement et que rarement on laisse faire à la prudence » (V, 14). Une fois le despotisme radicalement condamné, les régimes modérés seraient les régimes acceptables, convenables : car le dépôt et la fixité des lois y jouent un rôle essentiel.

Quel rapport y a-t-il alors entre ces deux sens ? Entre « l'esprit de modération » du législateur et la « modération » des régimes corrects (autres que le despotisme) ?

Il est courant de faire de Montesquieu soit un penseur aristocratique (« féodal » dit Althusser), concevant un équilibre hiérarchisé des puissances sociales, soit l'une des sources du libéralisme politique, lequel s'attache avant tout à la préservation de la vie, de la liberté et de la sécurité individuelle. Dans le premier cas, la « modération » s'incarne dans le modèle aristocratique, elle suppose la garantie des droits et des privilèges de la noblesse : c'est ainsi que « le pouvoir arrête le pouvoir ». Dans le second, la « modération » est avant tout recherche de la conservation et de la sécurité : d'où le privilège du régime anglais, de la nation qui dans le monde « a pour objet direct de sa constitution la liberté politique »

(XI, 5). Et l'on sait que Montesquieu en a fait la théorie constitutionnelle au chapitre VI du livre XI. On ne peut ignorer de surcroît que l'Angleterre est un pays commerçant et qu'ainsi « le pays de la liberté, de la pluralité des pouvoirs et du règne de la loi »[64] est aussi le règne du mercantilisme. Ainsi donc l'éloge du modèle constitutionnel anglais va de pair avec celui du commerce : Montesquieu est décidément, aux dires de certains[65], du côté des Modernes contre les Classiques, du côté d'une politique fondée sur la recherche de la sécurité individuelle contre une politique ordonnée à la réalisation d'une vie bonne. La modération coïnciderait alors avec l'axe constitutif du libéralisme politique : la protection des individus et la satisfaction de leurs besoins.

Il serait intéressant — pour éclairer la nature des choix politiques de Montesquieu — de s'arrêter sur cette thèse qui fait des régimes modérés ceux où, par le biais de la séparation des pouvoirs, la sécurité individuelle est garantie. Peut-on purement et simplement identifier modération et recherche de la sécurité ? On a remarqué[66] que la politique de Hobbes par exemple, tout entière déterminée par le souci de la sécurité, ne tient absolument pas compte de la modération. D'autre part, la modération chez Montesquieu est double : vertu du législateur et caractère des régimes non despotiques. Montesquieu s'oppose à Hobbes non pas tant (on l'a vu) pour sa conception de l'état de nature mais parce que ce dernier légitime le caractère absolu du pouvoir : l'opposition de Montesquieu à Hobbes n'est pas dissociable de sa critique du despotisme.

D'autre part, si la vertu des anciennes républiques n'est plus en conformité avec les exigences ou les conditions du monde moderne, on ne peut en déduire leur infériorité par rapport à l'Angleterre mercantile ni que Montesquieu les disqualifie radicalement. Sans doute ne conviennent-elles plus — sous cette forme tout au moins — aux possibilités du monde moderne. On se souviendra que la modération du législateur est la faculté d'adapter la législation aux conditions particulières et donc le souci de la diversité.

Même si les préférences de Montesquieu vont au régime constitutionnel anglais, aucune des formes politiques jugées acceptables n'est parfaite : la vertu antique est difficile et demande trop de renoncement, l'honneur n'est pas moralement estimable, le monde moderne est aussi celui des « petites âmes ». On en conclura que de cette imperfection découle la pluralité des formes possibles.

Non seulement Montesquieu récuse l'uniformité mais il reconnaît que la solution (si elle existe...) du problème politique n'est pas unique.

> « Les lois humaines statuent sur le bien ; la religion sur le meilleur. Le bien peut avoir un autre objet parce qu'il y a plusieurs biens ; mais le meilleur n'est qu'un, il ne peut donc pas changer. On peut bien changer les lois parce qu'elles

---

64. Manin, *art. cit.*, p. 163.
65. T. Pangle, *op. cit.*
66. Manin, *art. cit.*

> ne sont censées qu'être bonnes ; mais les institutions de la religion sont toujours supposées être les meilleures. » (XXVI, 2)

Il ne faut pas assimiler cette position à un relativisme plat mais l'éclairer par la « vertu » du législateur. D'autre part on ne peut réduire la démarche de l'*Esprit des Lois* à l'enquête sociologique et au positivisme juridique puisque Montesquieu pose la question du bien. Mais, comme le souligne B. Manin, ce bien est « partiellement indéterminé » [67].

> « Pour Montesquieu, s'il y a plusieurs biens, il y a cependant un mal : le despotisme. »

Mais peut-on conclure de cette indétermination relative à l'absence de jugement, au renoncement à toute évaluation ? Et d'ailleurs l'idée de « solution » en politique est-elle pertinente ? Merleau-Ponty soulignera [68] que demander une « solution » aux problèmes politiques serait réduire le monde et la coexistence des hommes à un problème de géométrie d'où l'indéterminé serait banni (il y a certes de l'inconnu dans les problèmes mathématiques mais l'inconnu n'est pas l'indéterminé). La démarche de Montesquieu n'apparaît décevante qu'aux yeux de ceux qui, tentés par l'absolu et le fantasme de **la** bonne société, veulent échapper à l'indétermination. La leçon politique de Montesquieu est précisément dans ce refus d'une solution unique et dans la reconnaissance de l'indétermination relative du bien. On dira alors qu'il est avant tout un penseur de la **pluralité** face aux théories politiques de l'Unité pour lesquelles l'objet de la politique (et par suite le bien) est un. La ligne de clivage ne passerait pas ici entre les Classiques (Platon, Aristote) et les Modernes (Hobbes, Montesquieu, Rousseau) mais entre les penseurs de l'Un (Platon, Hobbes, Rousseau) et ceux de la pluralité (Aristote, Montesquieu) pour lesquels plusieurs régimes peuvent être bons. Si l'on veut ne pas réduire cette dernière thèse au simple relativisme empirique (il est possible de bien gouverner sous diverses formes politiques), il faut la rattacher à l'acceptation de la division sociale et de la pluralité interne d'une société. L'abandon du fantasme de **la** bonne société, de la société **une** va de pair avec l'abandon du fantasme de la société **unifiée**, sans conflits, transparente à elle-même. Et l'on se souviendra que Montesquieu n'aspire nullement à une telle unification : tout, dans sa pensée, tend à faire du conflit le principe de la sécurité et de la liberté. Pluralité et séparation des pouvoirs, opposition des partis, conflit entre les groupes sociaux. Dans le chapitre XI des *Considérations...* Montesquieu n'attribue pas la perte de Rome à ses divisions internes. Bien au contraire. « ... Ces divisions y étaient nécessaires, ... elles y avaient toujours été, et... elles y devaient toujours être. » Il faut, poursuit Montesquieu, prendre garde à la tranquillité qui, apparemment, règne dans les États se prétendant « républicains » : on est sûr alors que la liberté y est absente. Car « ce qu'on appelle **union** dans un

67. P. 184.

68. Dans *Humanisme et Terreur*.

corps politique est une chose très équivoque : la vraie est une union d'harmonie, qui fait que toutes les parties, quelques opposées qu'elles nous paraissent, concourent au bien général de la Société, comme des dissonances dans la Musique concourent à l'accord total »[69]. Le texte — aux consonances machiavéliennes — révèle la nature véritable de l'**union** politique : non pas l'absence de tensions ou de dissensions internes mais l'institutionnalisation des conflits qui sont ceux de la réalité effective.

Que l'indétermination et la pluralité jouent chez Montesquieu un rôle capital[70] n'est-il pas le meilleur témoignage de la modernité et de l'actualité d'une réflexion dont on a trop souvent méconnu la nature ? A la lumière de ces notions, nous serions invités à méditer l'enseignement de celui qui ne fut pas seulement le « Newton du monde moral » mais l'un des grands penseurs de la politique.

69. Œuvres complètes, t. 2, p. 119.

70. Manin, *op. cit.*

Indications bibliographiques

Pour plus de commodité et afin d'unifier les références aux textes de Montesquieu, celles-ci ont toutes été données dans l'édition de La Pléiade. *Œuvres complètes* (tome I et II).

I. Présentation d'ensemble

— ÉTIEMBLE, *Montesquieu* in *Histoire des Littératures,* III (Encyclopédie de La Pléiade, Paris 1958, pp. 696-710).

— *Politique de Montesquieu,* présentée par Jean EHRARD, Armand Colin, Collection U, 1965.

— STAROBINSKI J., *Montesquieu,* Seuil/Écrivains de toujours, 1982.

II. Sur la nature, la loi, le modèle newtonien

— CASSIRER E., *La Philosophie des Lumières,* trad. franç. Fayard, 1970.

— ERHARD J., *L'Idée de nature en France à l'aube des Lumières,* Flammarion, 1970.

III. Sur Montesquieu politique

— ALTHUSSER L., *Montesquieu, la politique et l'histoire,* PUF, 1959.

— GROETHUYSEN B., *Philosophie de la Révolution française,* Gonthier-Médiations, 1966.

— Enfin un remarquable numéro des *Cahiers de philosophie politique,* consacré à Montesquieu, 1985 (Publication du Centre de Philosophie Politique de l'Université de Reims). Le numéro comprend notamment des articles de Charles Eisenmann sur *L'Esprit des Lois et la séparation des pouvoirs* ainsi que sur la pensée constitutionnelle de Montesquieu. Voir également l'article de Bernard Manin sur *Montesquieu et la politique moderne,* auquel nous nous sommes souvent référée.

Le château de La Brède *(Roger-Viollet)*

Textes

ŒUVRES

DE MONSIEUR

DE MONTESQUIEU.

DE L'ESPRIT DES LOIX.

LIVRE PREMIER.

DES LOIX EN GÉNÉRAL.

(Roger-Viollet).

A. Sur Montesquieu

1. La démarche newtonienne

La voie newtonienne n'est pas celle de la déduction pure mais celle de l'analyse. Newton ne commence pas par poser certains principes, certains concepts et axiomes universels pour parcourir pas à pas, au moyen de raisonnements abstraits, la voie qui conduit à la connaissance du particulier, des simples « faits ». C'est dans la direction inverse que se meut sa pensée. Les *phénomènes* sont le donné ; les *principes,* ce qu'il faut chercher. Si les principes sont bien le προτερον τῆ φυσει, les phénomènes doivent rester le προτερον προς ημᾶς. C'est pourquoi la vraie méthode de la physique ne peut jamais consister à partir de quelque donnée arbitrairement admise, d'une « hypothèse », pour développer jusqu'au bout les conclusions qui y sont impliquées. De telles hypothèses sont imaginées au gré de chacun, modifiées de même ; considérées *logiquement,* toutes se valent, nous ne sortirons de cette équivalence et de cette indifférence rationnelle pour atteindre à la vérité, à la détermination *physique,* qu'en cherchant ailleurs nos critères. Un point de départ vraiment univoque ne peut nous être fourni par l'abstraction et la « définition » physique mais seulement par l'expérience et l'observation. Il ne s'agit pas du tout, pour Newton comme pour ses disciples et successeurs, d'affirmer une *opposition* entre « expérience » et « pensée », d'ouvrir un abîme entre le domaine de la pensée pure et celui des « simples faits ». Il n'est pas question d'un conflit de *validité,* d'un dualisme méthodique entre les *relations of ideas* d'une part et la *matter of fact* d'autre part, comme celui qui a trouvé son expression la plus nette dans l'*Enquiry con-*

cerning human understanding de Hume. Le newtonisme ne présuppose, comme objet et condition inviolable de la recherche, que l'ordre et la légalité parfaite de la réalité empirique. Toutefois, cette légalité signifie que les faits, comme tels, ne sont pas un *simple* matériau, une masse incohérente de détails, mais qu'on peut démontrer, dans les faits et par les faits, l'existence d'une *forme* qui les pénètre et les unit. Cette forme se présente comme *mathématiquement* déterminée, structurée et articulée selon le nombre et la mesure. Mais cette articulation, justement ne peut être l'objet d'une anticipation conceptuelle ; elle doit être trouvée et démontrée dans les faits. Le cheminement de la pensée, par conséquent, ne va pas des concepts et des axiomes aux phénomènes mais à l'inverse. L'observation est le *datum;* le principe, la loi, le *quaesitum.* C'est ce nouveau *programme* méthodique qui a laissé sa marque sur toute la pensée du XVIIIe siècle. l'*Esprit systématique* n'est pas pour autant sous-estimé ou mis à l'écart, mais il est soigneusement distingué de l'*esprit de système.* Toute la théorie de la connaissance s'efforce de confirmer cette distinction. D'Alembert, dans le *Discours préliminaire* de l'*Encyclopédie,* la place au centre du débat et le *Traité des Systèmes* de Condillac donne à cette idée sa forme explicite et sa justification. L'auteur essaie, dans cet ouvrage, d'appliquer la critique historique aux grands systèmes du XVIIe siècle, cherchant à montrer la cause de leur échec respectif : au lieu de s'attacher aux faits et de laisser les concepts se former à leur contact, ils ont élevé au rang de dogme, unilatéralement, le premier concept venu. A l'opposé de cet « esprit de système », il faut établir désormais de nouveaux liens entre l'esprit « positif » et l'esprit « rationnel ». Ce n'est pas qu'ils soient nulle part en position de conflit mais on ne parviendra à une véritable synthèse entre eux qu'en respectant une véritable voie de médiation. Qu'on ne cherche donc pas l'ordre, la légalité, la « raison », comme une règle « antérieure » aux phénomènes, concevable et exprimable *a priori* : qu'on démontre la raison dans les phénomènes eux-mêmes comme la forme de leur liaison interne et de leur enchaînement immanent. Qu'on ne se mette pas en tête d'anticiper la raison sous la forme d'un système clos : qu'on la laisse se développer à la longue, par la connaissance croissante des faits et s'imposer d'elle-même par les progrès de sa clarté et de sa perfection. La logique que tout le monde cherche et que tout le monde est persuadé de rencontrer en tout cas sur la voie de la science n'est ni la logique scolastique ni une logique de conception purement mathématique; c'est la « logique des faits ». Que l'esprit donc s'abandonne à toute la richesse des phénomènes, qu'il se mesure à elle inlassablement : loin qu'il risque de s'y perdre, il est assuré d'y trouver sa vérité et sa mesure propre. C'est ainsi qu'on établira la vraie réciprocité, la vraie corrélation du « sujet » et de l'« objet », de la « vérité » et de la « réalité » et qu'on produira entre ces termes la forme d'« adéquation », de correspondance qui est la condition de toute connaisance scientifique.

Ernst Cassirer, *La Philosophie des Lumières,* 1932,
trad. franç. Fayard, 1970, pp. 43-44.

2. « Étendre sa vue au loin... » : le privilège de la vision

Connaître, parcourir du regard l'enchaînement des causes, *« étendre sa vue loin »,* déceler à travers la diversité des phénomènes l'universalité de la raison : telles sont les activités choisies par Montesquieu, et d'où son bonheur résultera tout naturellement. L'acte privilégié est celui du regard, d'un regard désireux d'accroître sa puissance en prenant possession d'un espace plus vaste et plus clair. Car la clarté est le plaisir d'un regard qui *éclaire* son objet pour le saisir mieux. Elle est témoignage de force avant d'être satisfaction logique. L'évidence est une joie du regard. La rationalité, la clarté — vertus classiques par excellence — ne définissent pas seulement un type de connaissance, mais aussi un type de bonheur ; elles assurent le déploiement lointain de la vue et la saisie de formes jusqu'alors indistinctes. L'idéal de netteté, tout en faisant appel à l'entendement et à ses schémas, reste ici marqué d'un coefficient hédoniste et volontariste. Le rationalisme est encore dans sa phase conquérante : la raison n'est pas seulement le réceptacle des idées certaines, c'est une énergie qui ne peut être comprise que dans son essor. Lorsqu'il s'agit du regard, Montesquieu ne prêche plus la modération : le bonheur consiste pour notre âme à *« fuir les bornes »,* à *« étendre la sphère de sa présence ».* Dans l'*Essai sur le Goût,* l'exigence d'harmonie et de symétrie n'émane pas simplement d'une raison théoricienne soucieuse d'introduire partout son ordre : à travers cet ordre même, c'est un élargissement d'horizon qui s'opère, où l'œil dominera désormais un plus vaste spectacle, contemplant un royaume visible en pleine lumière, où rien nulle part ne se dérobe. L'instinct de maîtrise et de possession aura trouvé satisfaction.

Montesquieu meurt aveugle. Cet amoureux de la vision claire a vécu les dernières années de son existence dans une cécité presque totale. Mais il semble que l'infirmité n'ait pour effet, comme chez beaucoup d'autres, que d'affiner et de renforcer, au niveau mental, une fonction dont l'organe sensoriel périphérique a été atteint par la maladie. Anéantie la vue des choses, la vision des idées s'exalte par compensation. *« On n'a jamais fini de voir »,* disait Montesquieu à Rome. Le spectacle de l'histoire et des sociétés deviendra ensuite la seule scène où le regard pourra se porter : ici encore, on n'aura jamais fini de voir. La faculté de vision est restée la même, tout en changeant d'objet. Et rien n'indique mieux l'intensité du désir de clairvoyance chez Montesquieu que ces lignes d'un texte de jeunesse, — discours académique sur la *cause de la transparence des corps : « Il y a apparence qu'il y a des animaux pour lesquels les murailles les plus épaisses sont transparentes. »* L'on surprend ici la rêverie déraisonnable, la chimère d'un regard souverain, qui ne connaîtrait nul obstacle et pour qui l'univers serait un palais de cristal.

« Un grand homme est celui qui voit vite, loin et juste. » Voir vite, voir d'un seul coup d'œil, telle est la manière de Montesquieu. C'est ainsi que, dans la physique cartésienne, la lumière se déplace : instantanément. Par sa rapidité, l'esprit devient pour lui-même une constante surprise : or la surprise, précisé-

ment, *« plaît à l'âme par la promptitude de l'action »*. Et dans ce regard instantané, non seulement l'esprit saisit l'objet, mais il se transforme et se crée lui-même. A l'instantanéité de la connaissance correspond l'instantanéité d'une transformation de soi par soi : *« Un homme d'esprit connaît et agit de la façon momentanée dont il faut qu'il connaisse et agisse; il se crée, pour ainsi dire, à chaque instant, sur le besoin actuel; il sait et il sent le juste rapport qui est entre les choses et lui. »* Voici donc survenir, dans le même moment rapide, une vision précise de ce qui est au-dehors de nous, et une sorte de reconstruction interne de nous-mêmes. En prenant conscience de la réalité extérieure, nous nous changeons. Tant qu'il n'était question que de nos penchants de nos sentiments, Montesquieu donnait la primauté aux causes physiques : nous étions dépendants de notre climat, de notre nourriture, de nos fibres; mais dès qu'intervient l'acte du regard, notre liberté nous est rendue, — et, prenant conscience du *« juste rapport qui est entre les choses et nous »*, nous devenons capables de nous faire nous-mêmes : *« nous nous faisons l'esprit qui nous plaît, et nous en sommes les vrais artisans »*. Les causes morales sont victorieuses. L'explication par la sensation, accueil passif des impressions de l'extérieur, fait place à une explication par l'énergie spontanée de l'âme, par l'intelligence active, où nous sommes libres comme des dieux. L'idée est moderne : la science de la nécessité — le regard connaissant — nous libère de la nécessité; pour le moins, il nous fournit les armes qui nous affranchiront de la nécessité. Dans l'acte du regard, l'esprit reprend triomphalement possession de son autonomie.

« Quand j'arrive dans une ville, je vais toujours sur le plus haut clocher ou la plus haute tour, pour voir le tout ensemble. » Cette brève note du *Journal de Voyage* nous apporte maintenant une précision essentielle : le désir de voir *« le tout ensemble »*. Le regard instantané veut être un regard sur la totalité, il veut tout embrasser. La plupart des œuvres et des projets de Montesquieu procèdent de cette ambition. Quand il imagine une *« histoire physique de la terre ancienne et moderne »*, quand il considère le monde romain de sa naissance à sa mort, quand, dans l'*Esprit des Lois,* il entend analyser l'ensemble des conditions qui contribuent à déterminer le destin des sociétés et leur législation, — c'est toujours l'intention d'une vision totale qui anime la pensée de Montesquieu. Et quand, dans l'*Essai sur le Goût,* il voudra donner la raison pour laquelle *« on aime la symétrie »*, il dira : *« elle fait un tout ensemble »*.

Ceci suppose, bien entendu, un monde qui se prête à la vue, et où nul objet ne serait, de soi, impénétrable au regard de l'homme. A l'hypothèse de la souveraineté de la vision instantanée correspond l'hypothèse de la visibilité immédiate du monde. L'homme veut conquérir par le regard, mais le monde ne demande qu'à se donner au regard, et en un seul instant. Ainsi en va-t-il de la nature, qui se livre au savant, à la façon d'une femme, — d'une vierge consentante, précise Montesquieu. Et la métaphore érotique, pour banale qu'elle soit devenue, vient ici nous rappeler la permanente présence du corps et de ses instincts — présence pleinement avouée et sans nulle honte — au sein même de l'ambition spirituelle de connaissance. « *La vérité semble quelquefois courir au-devant de celui qui la cherche; souvent il n'y a point d'intervalle entre le désir, l'espoir et la jouissance.* » Et Montesquieu se demande même si son siècle n'a pas déjà vécu ce moment pathétique où la totalité se livre au regard connaissant. « *On dirait que la nature a fait comme ces vierges qui conservent longtemps ce qu'elles ont de plus précieux, et se laissent ravir en un moment ce qu'elles ont conservé avec tant de soin et défendu avec tant de constance. Après s'être cachée pendant tant d'années, elle se montra tout à coup dans le siècle passé...* » (Mais, ajoute Montesquieu, « *peut-être y a-t-il encore mille secrets cachés* ».) La science universelle apparaît donc comme possible et prochaine. La connaissance quasi totale de la nature a été l'affaire d'un instant : le temps d'établir la loi de la gravitation universelle ; les détails seuls restent à préciser. Depuis Galilée et Newton, le spectacle de l'univers est « tout à coup » devenu visible à l'esprit.

Mais ici surviennent quelques difficultés. La vision instantanée ne peut être qu'intuitive. Elle va d'un seul coup jusqu'à l'essence des choses. Elle est, nous dit Montesquieu, un acte de sentiment. Et c'est aux choses de l'âme qu'elle s'applique le mieux. « *Un homme d'esprit sent ce que les autres ne font que savoir. Tout ce qui est muet pour la plupart des gens lui parle et l'instruit. Il y en a qui voient le visage des hommes, d'autres, des physionomies; les autres voient jusqu'à l'âme. On peut dire qu'un sot ne vit qu'avec les corps; les gens d'esprit vivent avec les intelligences.* » Mais ce regard instantané, s'il est applicable à la connaissance des âmes, est-il encore applicable avec efficacité à la connaisance du monde physique ? La raison n'exige-t-elle pas en l'occurrence un langage discursif, c'est-à-dire un langage qui enchaînera soigneusement les faits aux faits, à la façon dont les géomètres lient leurs propositions les unes aux autres ? La méthode scientifique ne prétend jamais accéder à la totalité d'un seul coup d'œil, comme certains mystiques accèdent à Dieu. Elle a besoin de temps, pour assurer ses prémisses et prouver chacune de ses affirmations Montesquieu écrit : « *Les méthodes des géomètres sont des espèces de chaînes qui les lient et les empêchent de s'écarter.* » Celui qui veut procéder à une description rationnelle de l'univers ne peut pas s'en tenir au regard instantané. S'il est vrai que la préférence intime et instinctive de Montesquieu va à ce mode de connaissance, il est clair d'autre part que la raison, dans la mesure où elle tient au principe de causalité, ne pourra procéder autrement qu'en énonçant la longue série des causes et des effets successifs qui se lient les uns aux autres pour former la texture du réel. Dès lors la vision instantanée doit céder ses droits à la patiente démonstration des enchaînements.

Mais, semble dire Montesquieu, c'est parce que nous n'avons pas su trouver la plus haute tour... Il ne renoncera pas à l'ambition d'une vision panoramique et instantanée. Ce qu'il cherche, c'est un lieu supérieur d'où il pourrait dominer l'enchaînement des phénomènes, concilier l'intuition instantanée et la succession des causes dans le temps. La Préface de l'*Esprit des Lois* nous dit comment, une fois posés les principes, tous les cas particuliers s'y plient « *comme d'eux-*

mêmes». « *Quand j'ai découvert mes principes, tout ce que je cherchais est venu à moi.* » Les principes, ici, figurent la plus haute tour, sous laquelle le spectacle de l'histoire, de façon magique et presque spontanée, s'ordonne et devient compréhensible : « *J'ai vu les cas particuliers s'y plier comme d'eux-mêmes ; les histoires de toutes les nations n'en être que les suites ; et chaque loi particulière liée avec une autre loi, ou dépendre d'une autre plus générale.* » Vision surplombante, qui est en même temps la vision du lien des choses entre elles. Le désordre de l'*Esprit des Lois* — qui a fait le désespoir de tant de commentateurs — est l'expression de ce regard vertical qui, du haut de ses principes, voit d'emblée toutes les conséquences dans une simultanéité massive, comme la ville qui s'étale au pied de la tour. Tout est vu en même temps, mais aussi tout se tient, tout est lié. « *On ne regarde les parties que pour juger du tout ensemble.* » De cette hauteur, l'ordre de la démonstration importera assez peu, chaque détail étant situé dans un même ensemble. L'ouvrage pourra à la fois être un et discontinu : les aperçus de détail pourront se juxtaposer, sans lien apparent, mais ils se rapportent tous au même regard. L'expression de Montesquieu, que ce soit dans les *Lettres Persanes,* l'*Histoire véritable,* l'*Esprit des Lois* ou l'*Essai sur le Goût,* n'enchaîne jamais visiblement les faits, elle va de saillie en saillie, de vue instantanée en vue instantanée. Sur le clavier des idées, il ne joue pas *legato,* mais *staccato.* Cependant, il se flatte, dans les *Lettres Persanes,* de « *lier le tout par une chaîne secrète, et, en quelque façon, inconnue* ». Et dans sa réponse aux observations de Grosley sur l'*Esprit des Lois,* tout en reconnaissant la discontinuité de l'ouvrage, il invite à nouveau à y rechercher un enchaînement secret : « *Ce qui rend certains articles du livre en question obscurs et ambigus, c'est qu'ils sont souvent éloignés d'autres qui les expliquent, et que les chaînons de la chaîne... sont très souvent éloignés les uns des autres.* » Il dit ailleurs : *Dans les livres de raisonnement, on ne tient rien, si on ne tient toute la chaîne.* » Montesquieu est raisonneur, il veut avoir formé des chaînes, mais des chaînes invisibles, pour unir en pensée les moments que l'intelligence illumine d'une clarté instantanée. Au lecteur d'imaginer les « *idées intermédiaires* ». Montesquieu, lui, a beau craindre parfois de se perdre dans un « labyrinthe obscur », il n'est pas de ceux qui cheminent péniblement dans les venelles : il voit tout du haut de sa tour ; d'un point à un autre, son regard connaît la distance sans avoir aucun chemin à parcourir.

Jean Starobinski, *Montesquieu*, 1953, Seuil, pp. 35-40.

3. Contre l'uniformité

Chaque société a un caractère particulier, une façon à elle de penser, un esprit qui s'est créé au cours des siècles. Dès que cet esprit existe, il est tout-puissant. Tout ce que font les autorités au pouvoir et leurs fonctionnaires est en rapport avec lui. C'est l'esprit du peuple contre lequel aucune puissance ne prévaut. Il serait même plus vrai de dire qu'il n'y a aucune puissance qui ne soit fondée sur lui. Il règne jusqu'à la complète destruction de l'organisme collectif, dont il est en quelque sorte le ressort et avec lequel il est dans une constante réciprocité de réactions. Les lois deviennent vivantes, de nouvelles créations correspondent à de nouveaux courants idéologiques à l'intérieur de la collectivité. Les lois et les données psychiques d'un peuple ne cessent de s'opposer les unes aux autres. Or, il se peut que les conflits qui s'élèvent au cours de ce mouvement dialectique, entre l'esprit collectif et les formes que prennent les lois, soient constamment dépassés. Mais il se peut aussi qu'ils mènent les peuples à la ruine. Dans ce jeu perpétuel d'actions et de réactions entre les lois et l'esprit général des peuples, les organismes d'État se distinguent les uns des autres, et aussi d'eux-mêmes, à travers les phases par lesquelles ils passent au cours du développement historique. On peut suivre ainsi la vie des peuples en analysant les transformations continuelles qui s'opèrent dans leur législation. Mais, dès que l'unité s'est faite entre la loi et l'esprit d'un peuple, dès qu'apparaît sa structure d'ensemble, il continue à évoluer sous les formes données par cette structure. Ce sont des mouvements de progression ou de régression dans les limites de certaines possibilités. Aussi serait-ce une tâche fort délicate que d'enfreindre ces limites ou d'en changer le tracé. Le législateur ne saurait être assez circonspect, lorsqu'il entreprend de changer dans une nation des lois fondamentales que l'histoire a consacrées et auxquelles le peuple est resté attaché. « Il est quelquefois nécessaire », écrit Montesquieu, « de changer certaines lois, mais le cas est rare, et lorsqu'il arrive, il n'y faut toucher que d'une main tremblante. » (...)

Lorsque Montesquieu est en voyage, ce qui le frappe, c'est la valeur relative des formes revêtues par les différentes collectivités. On ne saurait les juger d'un seul point de vue. « Les voyages », dit-il, « donnent une très grande étendue à l'esprit : on sort des préjugés de son pays et l'on n'est guère propre à se charger de ceux des étrangers. » Il faut prendre les pays tels qu'ils sont, et regarder « tous les peuples de l'Europe avec la même impartialité que les différents peuples de l'île de Madagascar » On ne peut pas dire des us et coutumes d'une nation qu'ils sont meilleurs que ceux d'une autre. Quelle serait d'ailleurs la mesure dont nous nous servirions pour établir ce jugement ? Montesquieu aime à s'imaginer le dépaysement d'un étranger, d'un Persan, arrivant en Europe et trouvant étrange tout ce qu'il voit et entend, dans un monde qui n'a rien d'extraordinaire pour nous. Il observe la diversité qu'offre le spectacle du monde, les attitudes multiples qu'ont les gens vis-à-vis des choses, l'étonnement puéril que nous éprouvons devant les us et les coutumes des autres peuples, la mesquinerie de nos appréciations inspirées par nos préjugés nationaux et l'époque à laquelle nous vivons. Et il en résulte qu'il ne peut plus évaluer les choses que d'un point de vue relatif.

S'il voyage, il ne peut contempler en pur observateur les manifestations multiformes de la vie humaine. Comment rester indifférent devant elles, puisque le malheur ou le bonheur des hommes en dépend, et qu'à travers les combinaisons les plus diverses apparaît le principe même de la vie des peuples.

« Quand j'ai voyagé dans les pays étrangers », dit-il, « je m'y suis attaché comme au mien propre, j'ai pris part à leur fortune, et j'aurais souhaité qu'ils fussent dans un état florissant. » C'est à ce point de vue qu'il se place pour apprécier les différentes lois. Leur valeur réside dans leur degré d'adaptation aux tendances, aux attitudes d'esprit des hommes qui doivent leur être assujettis, et dans la plus ou moins grande économie des moyens qu'elle emploie pour arriver à cette fin. Et, puisque les hommes ou les groupes d'hommes diffèrent entre eux, il est impossible de dire de certaines lois qu'elles sont les meilleures de toutes. « Les lois humaines statuent sur le bien », et non « sur le meilleur. » Or, « il y a plusieurs biens, mais le meilleur n'est qu'un ». Il faut donc se garder de « comparer chacune des lois à chacune ». Il s'agit toujours de la situer dans l'ensemble qu'elle forme avec d'autres lois, et ensuite de comparer les lois toutes ensembles, en étudiant les buts différents vers lesquels elles tendent. La seule question qui s'impose, dans cette façon relative d'évaluer les lois, est celle de savoir si une loi en vigueur est bonne, autrement dit, dans quelle mesure elle peut exercer une action favorable au maintien d'un peuple et s'adapter à l'esprit général d'une nation.

B. Groethuysen, *Philosophie de la Révolution française,* 1956,
Gonthier-Médiations, pp. 47-48 et 51-52.

4. Montesquieu est-il un « penseur féodal » ?

Ce qui unit les philosophes du droit naturel, c'est de poser le même problème : *quelle est l'origine de la société ?* et de le résoudre par les mêmes moyens : *l'état de nature et le contrat social.* Il peut paraître aujourd'hui très singulier de se poser pareil *problème d'origine,* et de se demander comment les hommes, dont l'existence, même physique, suppose toujours un minimum d'existence sociale, ont pu passer d'un état *nul* de société à des rapports sociaux organisés, et comment ils franchirent ce seuil originaire et radical. C'est pourtant le problème dominant de la réflexion politique de ce temps, et si sa forme est étrange, sa logique est profonde. Pour montrer l'origine radicale de la société (on pense à Leibniz voulant percer l'« origine radicale des choses »), il faut prendre les hommes avant la société : à l'état naissant. Sortant de terre tels des potirons, dit Hobbes.

Comme nus, dira Rousseau. Dénués non seulement de tous les moyens de l'art, mais surtout de tous les liens humains. Et les saisir dans un état qui soit un *néant de société.* Ce état de naissance est *l'état de nature.* les auteurs prêtent bien à cet état originaire des traits différents. Hobbes et Spinoza y voient régner l'état de guerre, le fort triompher du faible. Locke y veut les hommes vivant en paix. Rousseau dans une solitude absolue. Les différents traits de l'état de nature, tantôt dessinent les raisons que les hommes auront d'en sortir, et tantôt esquissent les ressorts de l'état social à venir, et l'idéal ignorant de toute société, *contient et figure par avance l'idéal d'une société à créer.* C'est la fin de l'histoire qui est inscrite dans l'origine. Ainsi la « liberté » de l'individu dans Hobbes, Spinoza et Locke. Ainsi l'égalité et l'indépendance de l'homme dans Rousseau. Mais tous ces auteurs ont en commun le même concept et le même problème : l'état de nature n'est que l'origine d'une société dont ils veulent décrire la genèse.

C'est le *contrat social* qui assure le passage du néant de société à la société existante. Ici encore il peut paraître étrange de se représenter que l'établissement d'une société soit l'effet d'une convention générale, comme si toute convention ne supposait déjà une société établie. Mais il faut accepter cette problématique, puisqu'elle a été tenue pour nécessaire, et se demander seulement *ce que signifie ce contrat,* qui n'est pas un simple artifice juridique, mais l'expression de raisons très profondes. Dire que la société des hommes sort d'un contrat, c'est en effet déclarer proprement *humaine et artificielle* l'origine de toute institution sociale. C'est dire que la société n'est l'effet ni d'une institution *divine,* ni d'un ordre *naturel.* C'est donc avant tout refuser une ancienne idée du fondement de l'ordre social et en proposer une nouvelle. On voit quels adversaires se profilent derrière la théorie du contrat. Non seulement les théoriciens de l'origine divine de toute société, qui peuvent servir bien des causes, bien qu'ils servissent alors le plus souvent celle de l'ordre établi, mais surtout les partisans du caractère « naturel » (et non artificiel) de la société : ceux qui pensent les rapports humains dessinés par avance dans une *nature* qui n'est que la projection de l'ordre social existant, dans une nature où les hommes sont inscrits par avance *dans des ordres et des états.* Pour dire d'un mot ce qui est en cause, la théorie du contrat social renverse en général *les convictions propres à l'ordre féodal,* la croyance dans l'inégalité « naturelle » des hommes, dans la nécessité des ordres et des états. Elle remplace par le contrat entre *égaux,* par une œuvre de l'art humain, ce que les théoriciens féodaux attribuaient à la « nature » et à la *sociabilité naturelle* de l'homme. C'est généralement *alors* un assez sûr indice de discrimination entre les tendances que de considérer que *la doctrine de la sociabilité naturelle ou de l'instinct de sociabilité désigne une théorie d'inspiration féodale, et la doctrine du contrat social une théorie d'inspiration « bourgeoise »,* même quand elle est au service de la monarchie absolue (par exemple dans Hobbes). En effet l'idée que les hommes sont les auteurs de leur société dans un pacte originaire, qui parfois se dédouble en un pacte d'association (civil) et un pacte de domination (politique) est alors une idée révolutionnaire, faisant, dans la théorie pure, écho aux conflits sociaux et politiques d'un monde en genèse. Cette idée est à la fois une protestation contre l'ancien ordre, et un programme pour un ordre nouveau. Elle prive l'ordre social établi et tous les problèmes politiques alors débattus du recours à la « nature » (du moins à cette « nature » inégalitaire), y dénonce une imposture et fonde les institutions que ses auteurs défendent, y compris la monarchie absolue en lutte contre les féodaux, sur la *convention humaine.* Elle donne ainsi pouvoir aux hommes de rejeter les institutions anciennes, d'asseoir les nouvelles et au besoin de les révoquer ou réformer par une convention neuve. Dans cette théorie de l'état de nature et du contrat social, qui semble de pure spéculation, on voit un ordre social et politique qui tombe, et des hommes fonder sur d'ingénieux principes l'ordre nouveau qu'ils veulent défendre ou édifier.

Mais ce caractère *polémique et revendicatif* de la théorie du droit naturel explique justement *son abstraction et son idéalisme.* Je disais plus haut que ces théoriciens en étaient restés au modèle d'une physique cartésienne, qui ne connaît que des *essences idéales.* En vérité, la physique n'est pas seule en cause. Et ceux qui voudraient juger de Montesquieu en le rapportant à Descartes, comme on l'a fait, ou Newton, le réduiraient à une apparence immédiate, mais abstraite. Ce modèle physique n'est ici qu'un modèle épistémologique : ses vraies raisons lui sont en partie extérieures. Si les théoriciens dont je parle ne se sont pas donné *l'objet* de Montesquieu : comprendre l'infinie diversité des institutions humaines dans tous les temps et dans tous les lieux, ce n'est pas seulement par la simple aberration d'une méthode inspirée par le modèle cartésien de la science, c'est aussi pour des motifs d'une tout autre portée. Ils n'avaient pas en tête d'expliquer les institutions de tous les peuples du monde, mais de combattre un ordre encore établi ou de justifier un ordre naissant ou à naître. Ils ne voulaient pas *comprendre tous les faits, mais fonder, c'est-à-dire proposer et justifier un ordre nouveau.* C'est pourquoi il serait aberrant de chercher dans Hobbes et dans Spinoza une véritable histoire de la chute de Rome ou de l'apparition des lois féodales. Ils n'en avaient pas aux *faits.* Rousseau dira rondement qu'il faut commencer par *écarter tous les faits.* Ils n'en avaient qu'au *droit,* c'est-à-dire à ce qui *doit être.* Les faits n'étaient pour eux que matière à l'exercice de ce droit, et comme la simple occasion et le reflet de son existence. Mais par là ils demeuraient dans ce qu'il faut bien appeler une attitude *polémique et idéologique.* Ils faisaient du parti qu'ils prenaient la raison même de l'histoire. Et leurs principes, qu'ils donnaient pour science, n'étaient que valeurs engagées dans les combats de leurs temps — et qu'ils avaient *choisies.*

Je ne dis pas que tout soit vain dans cette gigantesque entreprise : on pourrait montrer ses effets, qui sont grands. Mais on aperçoit combien le propos de Montesquieu l'éloigne de ces perspectives, et dans cette distance on distingue mieux ses raisons. Elles sont doubles, politiques et méthodologiques, toutes deux étroitement mêlées. Qu'on réfléchisse alors sur cette absence de tout contrat social dans Montesquieu. Il est bien un *état de nature,* dont le premier livre de l'*Esprit des Lois* nous donne un très rapide aperçu, mais de contrat social, point. *Je n'ai jamais ouï parler du droit public,* dit au contraire Montesquieu dans la 44e *Lettre Persane, qu'on n'ait commencé par rechercher soigneusement quelle est l'origine des sociétés : ce qui me paraît ridicule. Si les hommes n'en formaient point, s'ils se quittaient et se fuyaient les uns les autres, il faudrait en demander la raison et chercher pourquoi ils se tiennent séparés. Mais ils naissent tous liés les uns aux autres; un fils est né auprès de son père, et il s'y tient : voilà la société et la cause de la société.* Tout y est. Condamnation du problème de l'origine, absurde. La société se précède toujours elle-même. Le seul problème, s'il en fallait un, mais qu'on ne rencontre jamais, serait pourquoi des hommes n'ont pas de société. Nul contrat. Pour rendre compte de la société, il suffit d'un homme et de son fils. Il n'est guère surprenant alors de découvrir, dans la rapide revue de l'état de nature du livre I, qu'une certaine quatrième loi tient lieu de ce contrat absent : *l'instinct de sociabilité.* voilà une première indication qui met sur la voie de juger Montesquieu adversaire de la théorie du droit naturel pour des raisons qui tiennent à un *parti pris de type féodal.* Toute la théorie politique de l'*Esprit des Lois* renforcera cette conviction.

Louis Althusser, *Montesquieu, La politique et l'histoire*, 1964, P.U.F., pp. 15-20.

5. Contre l'esclavage

Il n'est pas de prospérité économique sans un minimum de liberté politique. Le despotisme oriental qui est, en l'espèce, un cas limite, en apporte la preuve. Le réquisitoire que Montesquieu dresse contre lui tourne à l'avantage de la classe moyenne autant que de l'aristocratie; il rend alors un bien autre son que sa défense des droits seigneuriaux. Et, comme il dépasse les intérêts bornés d'une classe, son langage tend spontanément à l'universel. Montesquieu ne cesse de répéter que le despotisme est *contre nature :* non seulement parce qu'il est, dans son essence, contradictoire et aburde, mais parce qu'il viole à chaque instant les droits élémentaires de la nature humaine et ses sentiments les plus primitifs. Séparer sur ce point la doctrine politique du Président de la philosophie morale qui la soutient et qui l'inspire, c'est mutiler bien arbitrairement sa pensée.

Que Montesquieu ait été acquis dans sa jeunesse aux principes du Droit Naturel, personne ne peut sérieusement le contester. Mais il est devenu banal d'affirmer que de l'époque du *Traité des Devoirs* à la publication de l'*Esprit des Lois* cet intérêt porté à Grotius et Pufendorf avait progressivement décru, à mesure que les soucis du moraliste faisaient place dans sa pensée à la curiosité méthodique du sociologue. Au terme de cette évolution le concept de loi naturelle aurait pris pour lui une signification strictement positive et scientifique. Quant à ses fameuses protestations contre la torture, l'Inquisition, ou l'esclavage, elles seraient le cri d'une sensibilité généreuse que la froide raison du savant ne parviendrait pas à étouffer. Il est vrai que « les lois de la nature » énumérées au chapitre second du premier livre se situent au niveau des réflexes élémentaires plutôt qu'à celui de la réflexion morale : mais ce n'est pas un motif suffisant, bien au contraire, pour leur refuser tout caractère éthique. La tendance profonde de la « morale naturelle » n'est-elle pas, comme on l'a vu, de donner le pas au « sentiment » sur la raison, pour en venir à le confondre avec l'instinct ? Le critique a le droit de dénoncer cette ambiguïté complaisamment entretenue, non celui d'ignorer que si Montesquieu la cultive quelque peu, ce travers lui est commun avec beaucoup de ses contemporains. Et on ne peut soutenir non plus que ces premiers chapitres de l'*Esprit des Lois* ne sont que « résidus métaphysiques », pensée morte et sans lien avec le reste de l'ouvrage. La première « loi naturelle » est l'instinct de conservation. Or c'est à cette notion que l'auteur fait d'abord appel lorsqu'il se préoccupe, au dixième livre, de définir et limiter le droit de conquête ; et nous la retrouvons encore au livre XXVI qui s'attache en particulier à distinguer le domaine des lois civiles et celui du droit naturel : la pudeur est une forme de la « défense naturelle » et les lois ou pratiques qui la violent ne sauraient être tolérées. Dira-t-on que c'est enfermer le Droit Naturel dans un domaine si restreint qu'il perdrait toute importance politique ? Mais il est faux que les préceptes de la « nature » se réduisent à ces tendances élémentaires. A la « loi de la nature » définie dans son sens le plus strict et le plus primitif se superpose en effet celle de la « lumière naturelle » qui condamne à son tour les prétentions excessives des conquérants, ou le fanatisme barbare des Inquisiteurs d'Espagne et de Portugal. Les « faibles lueurs de justice que la nature nous donne » sont les traces qu'ont laissées dans notre conscience les « rapports » éternels de la justice universelle. Idée classique, et même banale, mais qui trouve dans maints chapitres de l'*Esprit des Lois* une vitalité nouvelle. Et malgré sa force émotionnelle il s'agit bien d'une conviction raisonnée, non d'un écart de la sensibilité. Le problème de l'esclavage a préoccupé Montesquieu pendant plus de vingt ans : l'embarras même de certains chapitres du livre XV, avec leurs hésitations et leurs repentirs, prouve le sérieux intellectuel qu'il apporte à sa discussion. On verra plus loin qu'il y avait là, en réalité, la pierre d'achoppement de tout son système et de son optimisme. Mais de telle note des *Pensées,* qui date de l'époque des *Considérations,* jusqu'à une lettre adressée en 1750 à l'érudit Grosley, et même dans l'édition posthume de 1757, sa position de principe demeure d'une remarquable constance : l'esclavage doit révolter les âmes sensibles, mais de son côté la raison du philosophe n'a pas de peine à démontrer qu'il est absolument contraire au Droit naturel.

Et il vaut sans doute la peine de souligner combien cette argumentation est originale. Les fondateurs de l'école du Droit naturel s'étaient employés à corriger sur ce point tout ce que la logique de leur pensée aurait pu avoir de subversif.

Loin de prononcer contre l'esclavage la condamnation absolue qu'aurait dû impliquer, semble-t-il, la doctrine de l'égalité naturelle et du contrat, ils le justifient en effet, au nom de cette même doctrine. L'esclavage est légitime, disent-ils, lorsqu'il est fondé sur le consentement de l'esclave ; consentement forcé de la part d'un prisonnier de guerre qui évite ainsi une exécution sommaire ; consentement spontané dans le cas où un homme vend à un tiers sa liberté. Il y a donc selon eux deux sortes de servitudes légitimes, l'une qui relève du droit des gens et l'autre du droit civil. Hostile à la seconde au nom du caractère inaliénable de la liberté, Locke admet de son côté que les citoyens d'un pays vaincu peuvent être réduits en esclavage, à condition que ce soit à la suite d'une « juste guerre ». Un auteur de second plan comme Richer d'Aube, dont l'*Essai sur les principes du Droit et de la Morale* précède l'*Esprit des Lois* de quelques années, est encore tout à fait conservateur et reprend simplement les vues de Pufendorf. Comparée à celle de ses prédécesseurs, la position de Montesquieu apparaît donc infiniment plus généreuse, plus novatrice et plus cohérente. La timidité relative des conclusions pratiques de son livre XV n'enlève rien de sa netteté à la double condamnation de principe qu'il formule contre l'esclavage. Ses partisans, écrit-il, ne peuvent se réclamer d'un prétendu droit de conquête que la raison réprouve : le vainqueur n'a pas plus le droit de réduire en servitude les vaincus que celui de les tuer. Mais il est aussi arbitraire d'invoquer le droit civil et la possibilité d'une servitude volontaire : « Il n'est pas vrai qu'un homme puisse se vendre. » Car le droit civil lui-même se retourne contre ceux qui l'appellent ici à la rescousse ; le contrat supposé par lequel un esclave se choisirait un maître serait, au regard du droit, frappé de nullité : contrat abusif et unilatéral puisqu'à l'avantage exclusif de l'une des deux parties. « La vente suppose un prix : l'esclave se vendant, tous ses biens entreraient dans la propriété du maître ; le maître ne donnerait donc rien, et l'esclave ne recevrait rien. » Dans l'état civil les rapports entre les hommes sont réglés par des conventions ; mais pour être valables celles-ci ne doivent pas enfreindre les préceptes élémentaires du droit naturel qui veut que chaque individu tende légitimement à sa conservation et à son bonheur. Montesquieu juge bon d'insister sur ce point : « la loi de l'esclavage », est « contraire au principe fondamental de toutes les sociétés ».

J. Ehrard, *L'Idée de nature en France à l'aube des Lumières,* 1970, Flammarion, pp. 287-290.

6. Montesquieu et l'intelligence de l'histoire

A l'intérieur de la philosophie des Lumières, le premier essai décisif de fonder une philosophie de l'histoire fut l'œuvre de Montesquieu. En ce sens, *L'Esprit des Lois* caractérise une nouvelle époque ; c'est un ouvrage qui n'est pas né directement d'intérêts historiques, il ignore la joie toute pure du fait établi dans son unicité, si caractéristique de Bayle. Le simple titre de l'ouvrage de Montesquieu indique déjà qu'il s'agit de l'*Esprit des Lois* et non des faits. Il ne recherche, n'examine, n'évalue jamais les faits pour eux-mêmes mais pour les lois qui s'y présentent et s'y expriment. Les lois ne sont jamais accessibles que dans une matière concrète, on ne peut les découvrir ailleurs ni les démontrer autrement. D'autre part, cependant, cette matière ne trouve son contenu et son sens véritables que lorsqu'on la prend pour exemple, pour paradigme de rapports universels. Montesquieu manifeste autant que Bayle un amour décidé du détail dont il cherche à se procurer la contemplation par des études approfondies et de grands voyages. Le plaisir qu'il prend au singulier est si vif que l'illustration particulière, l'accessoire anecdotique qu'il entremêle à ses exposés de temps en temps submerge la ligne de la pensée et menace de la rendre presque méconnaissable. Mais, pour le contenu, toute cette richesse est dominée et validée par un principe rigoureusement intellectuel.

> J'ai d'abord examiné les hommes, et j'ai cru que, dans cette infinie diversité des lois et des mœurs, ils n'étaient pas uniquement conduits par leurs fantaisies. J'ai posé les principes, et j'ai vu les cas particuliers s'y plier comme d'eux-mêmes, les histoires de toutes les nations n'en être que les suites, et chaque loi particulière liée avec une autre loi, ou dépendre d'une autre plus générale.

Ainsi, pour Montesquieu, la réalité des faits comme telle n'est pas la fin obligée de la recherche. Elle n'est qu'une étape à franchir pour parvenir à quelque chose d'autre qui en est le véritable but. On peut dire que Montesquieu est le premier penseur qui a conçu et exprimé d'une façon claire et précise la notion du « type idéal » historique. Sur le plan politique et sociologique, *L'Esprit des Lois* est une théorie des « Types ». L'ouvrage veut montrer et démontrer que les organismes politiques que nous désignons des noms de république, d'aristocratie, de monarchie, de despotisme, ne sont pas des agrégats d'éléments hétéroclites, que chacun d'entre eux est pour ainsi dire préformé, est l'expression d'une *structure* déterminée. Cette structure demeure évidemment cachée tant que nous en restons à la simple considération des *phénomènes* politiques et sociaux. Aucune forme, en ce domaine, n'est identique à aucune autre ; nous nous trouvons placés devant une totale hétérogénéité et une variabilité presque sans limite. Mais cette apparence s'efface dès que nous apprenons à revenir des phénomènes aux principes, de la diversité des formes empiriques aux forces constituantes. Alors nous apercevons dans la foule des républiques *la* république, dans les innombrables monarchies historiques *la* monarchie. Montesquieu veut montrer dans le détail que le principe sur lequel repose la république, sur lequel se fonde sa permanence, est la « vertu » civique, alors que la monarchie se fonde sur le principe de l'honneur, le despotisme sur la peur. Nous comprenons ainsi que la différence véritable, essentielle est la différence de l'impulsion, de la motivation intellectuelle et morale qui donne à chaque société sa forme et son mouvement.

« Il y a cette différence entre la nature du gouvernement et son principe, que sa nature est ce qui le fait être tel ; et son principe, ce qui le fait agir. L'une est sa structure particulière, et l'autre les passions humaines qui le font mouvoir. »

Montesquieu est parfaitement conscient de la nature logique particulière des concepts fondamentaux qu'il a ainsi introduits. Il n'y voit nullement des concepts abstraits qui ne posséderaient que l'universalité d'un genre et ne voudraient dégager que certains traits communs, tels qu'ils se trouvent dans les phénomènes réels. Il veut, au-delà d'une telle généralité empirique, établir la généralité, l'universalité de sens qui s'exprime dans les formes d'État particulières ; il veut rendre visible la règle intérieure qui domine et régit ces formes. Le fait que cette règle ne soit jamais exprimée pleinement dans aucune forme individuelle, qu'elle ne puisse se réaliser pleinement et exactement dans aucune individualité historique n'enlève rien à son importance. En attribuant aux diverses formes d'État un principe spécifique, l'essence de la république reposant sur la vertu, celle de la monarchie sur l'honneur, etc., il n'entend pas qu'on prenne ces essences pour des réalités empiriques concrètes. Plutôt qu'un être, c'est un devoir-être qu'elles expriment. C'est pourquoi les objections qu'on peut élever contre la réalisation du système de Montesquieu ne valent pas forcément contre ses idées directrices. L'infrastructure empirique sur laquelle il tente de fonder son système peut bien paraître aujourd'hui fort imparfaite, à cause de notre horizon historique élargi, de notre problématique sociologique plus élaborée, il n'empêche que Montesquieu a découvert un principe neuf et fructueux et fondé une nouvelle méthode des sciences sociales. Or, il est remarquable que cette méthode des « types idéaux », dont il est l'initiateur et qu'il applique avec une parfaite maîtrise, n'a jamais été depuis abandonnée en tant que telle, qu'au contraire c'est dans la sociologie du XIXe et du XXe siècle seulement qu'elle a trouvé l'épanouissement complet de ses multiples possibilités. Et déjà Montesquieu en tire la doctrine que tous les éléments constitutifs d'une société déterminée sont entre eux dans une situation de stricte *corrélation*. Ils ne sont pas les parties d'une somme mais des forces interdépendantes dont l'action réciproque dépend de la forme du tout. Jusque dans le moindre détail se vérifie cette communauté d'action et cette organisation structurelle. Le mode d'éducation, l'appareil de la justice, l'organisation du mariage et de la famille, tout le système de la politique intérieure et extérieure : tout dépend en un sens de la forme fondamentale de l'État ; impossible de les modifier arbitrairement, sans toucher du même coup cette forme fondamentale et finalement la ruiner. La corruption d'une société, en effet, ne commence pas dans telle ou telle direction de son action mais dans la destruction de son principe interne : « La corruption de chaque gouvernement commence presque toujours par celle des principes. » Tant que son principe se maintient comme tel, tant qu'il reste sain en lui-même, une forme politique n'a rien à craindre pour elle-même ; la défaillance même de ses institutions et de ses lois particulières ne lui causera aucun dommage. En revanche, dès que le principe s'écroule, dès que s'endort la force qui la meut intérieurement, les meilleures lois n'offrent plus aucune protection :

> « Lorsque les principes du gouvernement sont une fois corrompus, les meilleures lois deviennent mauvaises et se tournent contre l'État ; lorsque les principes en sont sains, les mauvaises ont l'effet de bonnes : la force du principe entraîne tout... Il y a peu de lois qui ne soient bonnes lorsque l'État n'a point perdu ses principes ; et, comme disait l'Épicure en parlant des richesses : ce n'est point la liqueur qui est corrompue, c'est le vase.

Si nous venons ainsi d'esquisser les contours d'une philosophie politique, nous n'avons cependant pas encore posé le moindre fondement d'une philosophie de l'*histoire*. Les types idéaux décrits par Montesquieu sont en effet des formes purement statiques. Elles établissent un principe d'explication de l'*être* du corps social sans offrir aucun moyen d'interpréter son *devenir*. Pourtant, Montesquieu ne doute pas que sa méthode ne puisse s'étendre à ce problème également avec profit. Il est convaincu que le devenir n'est pas plus que l'être un simple agrégat, un déroulement d'événements indépendants et séparés, mais qu'il est possible d'y découvrir également certaines orientations typiques. Il se peut sans doute que, vu de l'extérieur, ce que nous appelons « histoire » ne manifeste jamais une telle orientation et ne laisse paraître qu'un entremêlement de « hasards ». Mais cet aspect tend à s'évanouir au fur et à mesure qu'on s'enfonce de la surface des phénomènes dans leur vraie profondeur. Le chaos, le conflit des événements singuliers se dissout, les phénomènes se réduisent à une « raison » qui permet d'en rendre compte.

> « Ceux qui ont dit qu'*une fatalité aveugle a produit tous les effets que nous voyons dans le monde* ont dit une grande absurdité, déclare Montesquieu au début de son ouvrage, car quelle plus grande absurdité qu'une fatalité aveugle qui aurait produit des êtres intelligents ? Il y a donc une raison primitive ; et les lois sont les rapports qui se trouvent entre elle et les différents êtres, et les rapports de ces divers êtres entre eux. »

Certes, il semble bien souvent que le simple hasard décide du destin d'un peuple, détermine sa grandeur et sa décadence. A un regard plus pénétrant, cependant, un autre tableau se découvre.

> « Ce n'est pas la fortune qui domine le monde... Il y a des causes générales, soit morales, soit physiques, qui agissent dans chaque monarchie, l'élèvent, la maintiennent ou la précipitent ; tous les accidents sont soumis à ces causes ; et si le hasard d'une bataille, c'est-à-dire une cause particulière, a ruiné un État, il y avait une cause générale qui faisait que cet État devait périr par une seule bataille. En un mot, l'allure principale entraîne avec elle tous les accidents particuliers. »

Les conditions *physiques* agissent également sur cet état général. Et Montesquieu est l'un des premiers penseurs à indiquer leur importance, à montrer le lien qui unit la forme politique et les lois d'un pays à son climat et à la nature du sol. Sur ce point, cependant, il refuse la simple *déduction* à partir des facteurs purement physiques ; il subordonne les causes matérielles aux spirituelles. Il est évident que tout sol, tout climat ne convient pas à telle ou telle forme politique; mais inversement jamais les conditions physiques ne sont entièrement déterminantes. C'est plutôt l'affaire du législateur d'établir pour État des conditions justes et saines. Les mauvais législateurs sont ceux qui cèdent aux défauts du climat, les bons, ceux qui en aperçoivent les défauts et réagissent contre eux de toutes leurs forces morales et spirituelles. « Plus les causes physiques portent les hommes au repos, plus les causes morales les en doivent éloigner. » L'homme n'est pas simplement soumis aux forces de la nature; il connaît ces forces et grâce à cette connaissance il est capable de les conduire vers le but qu'il a choisi, d'instaurer entre elles un équilibre garantissant la conservation de la société. Le cours général et le but général de l'histoire humaine sont ainsi pénétrés d'un ordre comparable à celui des lois de la nature en rigueur et en certitude. Au niveau de développement où nous en sommes, il s'en faut certes de beaucoup que le monde moral soit aussi bien ordonné que le monde physique. S'il possède lui aussi des lois naturelles déterminées et immuables, il ne semble pas les suivre avec autant de persévérance que la nature physique suit les siennes. La cause en est que les individus doués de raison sont limités et par là sujets à l'erreur, et que d'un autre côté, ils agissent selon leur propre pensée et leur propre volonté. Ils n'obéissent pas constamment aux lois fondamentales qu'ils se sont données. Montesquieu, cependant, est fils de son temps, c'est un vrai penseur de l'ère des Lumières, qui attend du progrès de la *connaissance* de cet état de choses un ordre nouveau du *monde de la volonté,* une nouvelle orientation générale de l'histoire politique et sociale de l'humanité. C'est ce qui le conduit à la philosophie de l'histoire : de la connaissance des principes généraux et des forces motrices de l'histoire, il attend la possibilité de les organiser plus sûrement dans l'avenir. L'homme n'est pas seulement soumis à la nécessité de la nature, il peut et il doit créer librement son destin, édifier son propre avenir. Mais un simple vœu reste impuissant tant qu'il est pas conduit et pénétré par une sûre vision des choses qui ne peut naître que de l'union et de la concentration de toutes les facultés de l'esprit. Elle exige en même temps que l'esprit observe soigneusement les réalités individuelles, qu'il se plonge dans le détail empirique de l'histoire et d'autre part qu'il analyse théoriquement les diverses « possibilités » pour les situer et les distinguer nettement les unes et les autres. Montesquieu montre la même maîtrise dans la solution de l'un et l'autre problème. De tous les penseurs de son milieu, il est celui qui est doué de la plus vive pénétration historique, qui possède le meilleur sens des diverses formes de l'existence historique. Ne disait-il pas un jour de lui-même que pour parler de l'histoire ancienne il avait essayé d'adopter l'esprit de l'antiquité, de se mettre lui-même dans la peau d'un ancien. Cet œil exercé à saisir le singulier et ce goût de la singularité l'ont également préservé, dans sa construction théorique, de tout parti pris doctrinaire. Il s'est toujours victorieusement défendu contre l'exposé purement schématique la réduction de la multiplicité des formes à un cadre absolument rigide. Il existe à ce propos, dans *L'Esprit des Lois,* une formule très significative. Décrivant la constitution anglaise qu'il révère comme un modèle politique, Montesquieu n'insiste pas moins sur le fait qu'il est bien loin de vouloir imposer la même forme de gouvernement aux autres pays, ne serait-ce que comme terme obligé, de la leur imposer comme référence : « Comment dirais-je cela, moi qui crois que l'excès même de la raison n'est pas toujours désirable, et que les hommes s'accommodent presque toujours mieux des milieux que des extrémités. » Jusque dans ses constructions purement théoriques, Montesquieu cherche donc constamment à découvrir et à conserver le juste « milieu », tout comme il veut maintenir l'équilibre entre les éléments fondamentaux de la pensée, entre l'« expérience » et la « raison ». Grâce à ce don d'équilibre, son œuvre a continué d'exercer une influence bien au-delà des limites étroites de la « philosophie des Lumières ». Non seulement elle est restée l'exemple et le modèle de la vision historique des encyclopédistes mais elle a aussi dominé de son prestige ses adversaires et ses critiques les plus pénétrants. Herder a beau avoir combattu la méthode et les prémisses de Montesquieu, il n'en a pas moins admiré cette « noble et gigantesque entreprise » en s'efforçant de plier ses propres projets à ce modèle.

Ernst Cassirer, *op. cit.,* pp. 217-222.

7. L'histoire et l'origine des républiques

RHEDI A RICA, *à Paris*

Une des choses qui a le plus exercé ma curiosité en arrivant en Europe, c'est l'histoire et l'origine des républiques. Tu sais que la plupart des Asiatiques n'ont pas seulement l'idée de cette sorte de gouvernement, et que l'imagination ne les a pas servis jusques à leur faire comprendre qu'il puisse y en avoir sur la Terre d'autre que le despotique.

Les premiers gouvernements que nous connaissons étoient monarchiques : ce ne fut que par hasard et par la succession des siècles que les républiques se formèrent.

La Grèce ayant été abîmée par un déluge, de nouveaux habitants vinrent la peupler. Elle tira presque toutes ses colonies d'Égypte et des contrées de l'Asie les plus voisines, et, comme ces pays étoient gouvernés par des rois, les peuples qui en sortirent furent gouvernés de même. Mais, la tyrannie de ces princes devenant trop pesante, on secoua le joug, et du débris de tant de royaumes s'élevèrent ces républiques qui firent si fort fleurir la Grèce, seule polie au milieu des Barbares.

L'amour de la liberté, la haine des rois, conserva longtemps la Grèce dans l'indépendance et étendit au loin le gouvernement républicain. Les villes grecques trouvèrent des alliées dans l'Asie Mineure ; elles y envoyèrent des colonies aussi libres qu'elles, qui leur servirent de remparts contre les entreprises des rois de Perse. Ce n'est pas tout : la Grèce peupla l'Italie, l'Espagne et peut-être les Gaules. On sait que cette grande Hespérie, si fameuse chez les Anciens, étoit au commencement la Grèce, que ses voisins regardoient comme un séjour de félicité. Les Grecs, qui ne trouvoient point chez eux ce pays heureux, l'allèrent chercher en Italie; ceux d'Italie, en Espagne; ceux d'Espagne, dans la Bétique ou le Portugal; de manière que toutes ces régions portèrent ce nom chez les Anciens. Ces colonies grecques apportèrent avec elles un esprit de liberté qu'elles avoient pris dans ce doux pays. Ainsi on ne voit guère, dans ces temps reculés, de monarchies dans l'Italie, l'Espagne, les Gaules. Tu verras bientôt que les peuples du Nord et d'Allemagne n'étoient pas moins libres; et, si l'on trouve des vestiges de quelque royauté parmi eux, c'est qu'on a pris pour des rois les chefs des armées ou des républiques.

Tout ceci se passoit en Europe : car, pour l'Asie et l'Afrique, elles ont toujours été accablées sous le despotisme, si vous en exceptez quelques villes de l'Asie Mineure dont nous avons parlé, et la république de Carthage en Afrique.

Le Monde fut partagé entre deux puissantes républiques : celle de Rome et celle de Carthage. Il n'y a rien de si connu que les commencements de la République romaine, et rien qui le soit si peu que l'origine de celle de Carthage. On ignore absolument la suite des princes africains depuis Didon, et comment ils perdirent leur puissance. C'eût été un grand bonheur pour le Monde que l'agrandissement prodigieux de la République romaine, s'il n'y avoit pas eu cette différence injuste entre les citoyens romains et les peuples vaincus; si l'on avoit donné aux gouverneurs des provinces une autorité moins grande; si les lois, si saintes, pour empêcher leur tyrannie avoient été observées; et s'ils ne s'étoient pas servis, pour les faire taire, des mêmes trésors que leur injustice avoit amassés.

César opprima la République romaine et la soumit à un pouvoir arbitraire.

L'Europe gémit longtemps sous un gouvernement militaire et violent, et la douceur romaine fut changée en une cruelle oppression.

Cependant une infinité de nations inconnues sortirent du Nord, se répandirent comme des torrents dans les provinces romaines, et, trouvant autant de facilité à faire des conquêtes qu'à exercer leurs pirateries, elles démembrèrent l'Empire et fondèrent des royaumes. Ces peuples étoient libres, et ils bornoient si fort l'autorité de leurs rois qu'ils n'étoient proprement que des chefs ou des généraux. Ainsi ces royaumes, quoique fondés par la force, ne sentirent point le joug du vainqueur. Lorsque les peuples d'Asie, comme les Turcs et les Tartares, firent des conquêtes, soumis à la volonté d'un seul, ils ne songèrent qu'à lui donner de nouveaux sujets et à établir par les armes son autorité violente. Mais les peuples du Nord, libres dans leurs pays, s'emparant des provinces romaines, ne donnèrent point à leurs chefs une grande autorité. Quelques-uns même de ces peuples, comme les Vandales en Afrique, les Goths en Espagne, déposoient leurs rois dès qu'ils n'en étoient pas satisfaits, et, chez les autres, l'autorité du Prince étoit bornée de mille manières différentes : un grand nombre de seigneurs la partageoient avec lui ; les guerres n'étoient entreprises que de leur consentement ; les dépouilles étoient partagées entre le chef et les soldats ; aucun impôt en faveur du Prince ; les lois étoient faites dans les assemblées de la Nation. Voilà le principe fondamental de tous ces états qui se formèrent des débris de l'Empire romain.

A Venise, le 20 de la lune de Rhegeb, 1719.

Montesquieu, *Lettres persanes,* Lettre CXXXI, 1721,
coll. La Pléiade, t.1, pp. 327-29.

B. La théorie des régimes; droit naturel classique et droit naturel moderne; de l'Antiquité au monde moderne.

8. Les différentes sortes de constitutions. Les constitutions correctes et leurs déviations

Ces points une fois déterminés, nous avons ensuite à examiner quel est le nombre des différentes sortes de constitutions et ce qu'elles sont, et tout d'abord à étudier leurs formes correctes, les déviations devant apparaître d'elles-mêmes quand les premières auront été définies.

Les termes *constitution* et *gouvernement* ont la même signification, et le gouvernement est l'autorité souveraine des États, autorité souveraine qui est nécessairement aux mains soit d'un seul, soit d'un petit nombre, soit de la masse des citoyens. Quand le détenteur unique de l'autorité, ou le petit nombre, ou la masse, gouvernent en vue de l'intérêt commun, ces constitutions sont nécessairement des constitutions correctes, tandis que les gouvernements qui ont en vue l'intérêt particulier soit d'un seul, soit du petit nombre, soit de la masse, sont des déviations des types précédents. Ou bien, en effet, ceux qui font partie de l'État ne doivent pas être appelés des citoyens ou bien ils doivent participer aux avantages de la communauté.

Parmi les formes de gouvernement de type monarchique, nous avons coutume de désigner du nom de *royauté* celle qui prend en considération l'intérêt commun; quand l'autorité est exercée par un petit nombre, dépassant toutefois l'unité, c'est une *aristocratie* (appelée ainsi, soit parce que ce sont les meilleurs qui gouvernent, soit parce qu'on y a en vue le plus grand bien pour la cité et ses membres). Quand, enfin, c'est la multitude qui administre l'État en vue de l'utilité commune, le gouvernement est appelé du nom commun à toutes les constitutions, à savoir une *république* proprement dite, et c'est là un fait bien naturel : car s'il est possible qu'un seul individu ou un petit nombre d'individus l'emportent en vertu, par contre il est dès lors difficile qu'un nombre d'hommes plus considérable atteigne la perfection en toute espèce de vertu (perfection qui cependant est atteinte dans la valeur militaire, puisque celle-ci surgit au sein des masses ; et par suite c'est dans cette dernière forme de gouvernement que la classe combattante détient le pouvoir suprême et que ceux qui portent les armes ont part au pouvoir).

Les formes dont nous venons de parler subissent des déviations : la tyrannie est une déviation de la royauté, l'oligarchie, de l'aristocratie, et la démocratie, de la république proprement dite. La tyrannie en effet, est une monarchie ayant en vue le seul intérêt du monarque, l'oligarchie a en vue l'intérêt des riches, et la démocratie celui des indigents et aucune de ces formes de gouvernement n'a égard à l'utilité commune.

Aristote, *Politique*, III, 7, Vrin, 1982, pp. 198-200.

9. Un étrange débat constitutionnel entre sept conjurés perses : des trois sortes de gouvernement (démocratie, oligarchie, monarchie), quelle est la meilleure ?

Cinq jours après le rétablissement de la tranquillité, les sept conjurés qui s'étaient soulevés contre les mages tinrent conseil sur l'état actuel des affaires. Leurs discours paraîtront incroyables à quelques Grecs ; ils n'en sont pas cependant moins vrais. Otanès exhorta les Perses à mettre l'autorité en commun. « Je crois, dit-il, que l'on ne doit plus désormais confier l'administration de l'État à un seul homme, le gouvernement monarchique n'étant ni agréable ni bon. Vous savez à quel point en était venu le despotisme injurieux de Cambyse, et vous avez éprouvé vous-mêmes celui du mage. Comment, en effet, la monarchie pourrait-elle être un bon gouvernement ? Le monarque fait ce qu'il veut, sans rendre compte de sa conduite. L'homme le plus vertueux, élevé à cette haute dignité, perdrait bientôt toutes ses bonnes qualités. Car l'envie naît avec tous les hommes et les avantages dont jouit un monarque le portent à l'insolence. Or, quiconque a ces deux vices a tous les vices ensemble : il commet les actions les plus atroces, tantôt dans l'ivresse de l'insolence, tantôt par envie. Un tyran devrait être exempt d'envie, du moins parce qu'il jouit de toutes sortes de biens ; mais c'est tout le contraire, et ses sujets ne le savent que trop par expérience. Il hait les plus honnêtes gens et semble chagrin de ce qu'ils existent encore. Il n'est bien qu'avec les plus méchants. Il prête volontiers l'oreille à la calomnie ; il accueille les délateurs : mais ce qu'il y a de plus bizarre, si on le loue modestement, il s'en offense ; si, au contraire, on le recherche avec empressement, il en est pareillement blessé et ne l'impute qu'à la plus basse flatterie ; enfin, et c'est le plus terrible de tous les inconvénients, il renverse les lois de la patrie, il attaque l'honneur des femmes et fait mourir qui bon lui semble, sans observer aucune formalité. Il n'en est pas de même du gouvernement démocratique. Premièrement on l'appelle isonomie (l'égalité des lois) ; c'est le plus beau de tous les noms ; secondement, il ne s'y commet aucun de ces désordres qui sont inséparables de l'État monarchique. Le magistrat s'y élit au sort ; il est comptable de son administration et toutes les délibérations s'y font en commun. Je suis donc d'avis d'abolir le gouvernement monarchique, et d'établir le démocratique, parce que tout pouvoir appartient au peuple. » Telle fut l'opinion d'Otanès.

Mégabyse, qui parla après lui, leur conseilla d'instituer l'oligarchie. « Je pense, dit-il, avec Otanès, qu'il faut abolir la tyrannie, et j'approuve tout ce qu'il a dit à ce sujet. Mais quand il nous exhorte à remettre la puissance souveraine entre les mains du peuple, il s'écarte de la droite raison : rien de plus insensé et de plus insolent qu'une multitude incapable de rendre aucun service ; en voulant éviter l'insolence d'un tyran, on tombe sous la tyrannie d'un peuple sans frein. Y a-t-il rien de plus insupportable ? Si un roi forme quelque entreprise, c'est avec connaissance : le peuple, au contraire, n'a ni intelligence ni raison. Eh ! comment en aurait-il, lui qui n'a jamais reçu aucune instruction, et qui ne connaît ni ce qui est bien, ni ce qui est décent ? Il se jette dans une affaire, tête baissée et sans jugement, semblable à un torrent qui entraîne tout ce qu'il rencontre sur son passage. Puissent les ennemis des Perses user de la démocratie ! Pour nous, faisons choix des hommes les plus vertueux ; mettons-leur la puissance entre les mains : nous serons nous-mêmes de ce nombre : et, suivant toutes les apparences, des hommes sages et éclairés ne donneront que d'excellents conseils. »

Tel fut l'avis de Mégabyse. Darius parla le troisième, et proposa le sien en ces termes : « L'avis de Mégabyse contre la démocratie me paraît juste et plein de sens ; il n'en est pas de même de ce qu'il a avancé en faveur de l'oligarchie. Les trois sortes de gouvernements que l'on puisse proposer, le démocratique, l'oligarchique et le monarchique, étant aussi parfaits qu'ils peuvent l'être, je dis que l'état monarchique l'emporte de beaucoup sur les deux autres ; car il est constant qu'il n'y a rien de meilleur que le gouvernement d'un seul homme, quand il est homme de bien. Un tel homme ne peut manquer de gouverner ses sujets d'une manière irrépréhensible : les délibérations sont secrètes, les ennemis n'en ont aucune connaissance. Il n'en est pas ainsi de l'oligarchie : ce gouvernement étant composé de plusieurs personnes qui s'appliquent à la vertu en vue du bien public, il naît ordinairement entre elles des inimitiés particulières et violentes. Chacun veut primer, chacun veut que son opinion prévale : de là les haines réciproques et les séditions ; des séditions on passe aux meurtres, et des meurtres on revient ordinairement à la monarchie. Cela prouve combien le gouvernement d'un seul est préférable à celui de plusieurs. D'un autre côté, quand le peuple commande, il est impossible qu'il ne s'introduise beaucoup de désordre dans un État. La corruption, une fois établie dans la république, ne produit point de haines entre les méchants ; elle les unit, au contraire, par les liens d'une étroite amitié : car ceux qui perdent l'État agissent de concert et se soutiennent mutuellement. Ils continuent toujours à faire le mal, jusqu'à ce qu'il s'élève quelque grand personnage qui les réprime en prenant autorité sur le peuple. Cet homme se fait admirer et cette admiration en fait un monarque ; ce qui nous prouve encore que, de tous les gouvernements, le monarchique est le meilleur : mais enfin, pour tout dire un peu de mots, d'où nous est venue la liberté ? de qui la tenons-nous ? du peuple, de l'oligarchie ou d'un monarque ? Puisqu'il est donc vrai que c'est par un seul homme que nous avons été délivrés de l'esclavage, je conclus qu'il faut nous en tenir au gouvernement d'un seul : d'ailleurs on ne doit point renverser les lois de la patrie lorsqu'elles sont sages ; cela serait dangereux. »

Hérodote, *Histoires*, livre III, traduction P.-H. Larcher, éditions Maspéro/La Découverte, 1980, pp. 169-172.

10. Le sens de la *politeia* dans le droit naturel classique

Dans l'Antiquité, la politeia *est plus essentielle que la constitution juridique : elle est la source de la loi. On pourrait la désigner par le terme de « régime », à condition d'entendre ce dernier au sens large.*

Pour atteindre à son plus haut accomplissement, l'homme doit vivre dans la meilleure des sociétés, celle qui conduit le plus sûrement à l'excellence humaine. Cette société, les classiques la nomment la meilleure *politeia*. Par là, ils entendent tout d'abord que, pour être bonne, une société doit être civile ou politique, c'est-à-dire que le gouvernement des hommes doit y avoir le pas sur l'administration des choses. *Politeia* est ordinairement traduit par « constitution ». Mais lorsqu'on utilise le mot « constitution » dans un contexte politique, on entend presque inévitablement aujourd'hui un phénomène juridique, quelque chose d'analogue aux lois fondamentales du pays et non point à la constitution du corps ou de l'âme. Pourtant la *politeia* n'est pas un phénomène juridique. Les classiques se servaient du terme par opposition à celui de « lois ». La *politeia* est plus essentielle que toute loi ; elle en est la source. La *politeia* correspond plutôt à la répartition réelle du pouvoir à l'intérieur d'une communauté qu'aux prescriptions de la loi constitutionnelle. Elle peut être définie par des lois, mais ce n'est pas nécessaire. De telles lois peuvent induire en erreur, par hasard ou de propos délibéré, sur son véritable caractère. Aucune loi et donc aucune constitution ne peut être le fait politique fondamental, car toutes sont fonction des êtres humains. Elles doivent être adoptées, conservées et mises en œuvre par les hommes. Lorsqu'ils participent à une communauté politique, ils peuvent être « organisés » de multiples façons pour le contrôle des affaires communes. C'est d'abord et surtout cette organisation des êtres humains en matière de pouvoir politique qui définit la *politeia.*

La constitution américaine et l'*American way of life* sont deux choses différentes. La *politeia* est plutôt le genre de vie d'une société que sa constitution. Pourtant ce n'est pas par hasard que la traduction inexacte de « constitution » est en général préférée à celle de « façon de vivre ». Parler de constitution revient à discuter du gouvernement ; or on n'y vient pas nécessairement lorsqu'on parle des façons de vivre d'une communauté. Par *politeia* les classiques entendaient la façon de vivre d'une communauté pour antant qu'elle est déterminée essentiellement par sa « forme de gouvernement ». Nous traduirons donc *politeia* par « régime », en prenant ce mot au sens large comme dans l'expression « Ancien régime ». Le lien entre les « façons de vivre d'une société » et la « forme de gouvernement » peut être brièvement mis en lumière de la façon suivante : le caractère ou le ton d'une société est fonction de ce qui, à ses yeux, est le plus digne de respect et d'admiration. En attachant le plus grand respect à certaines attitudes et habitudes, une société reconnaît la supériorité, la dignité supérieure des êtres humains qui les incarnent le mieux. Ce qui veut dire qu'aux yeux de chaque société fait prime un certain type d'homme (ou un composé particulier de types différents). Lorsque ce type est celui de l'homme de la rue, c'est devant lui que toute chose doit trouver sa justification ; et ce qui ne trouve pas grâce à ses yeux est suspect, méprisé, tout au plus toléré. Quant à ceux-là mêmes qui ne reconnaissent pas cette juridiction, ils sont bon gré mal gré influencés par ses verdicts. Ce qui est vrai de la société gouvernée par l'homme de la rue l'est également de sociétés dominées par le prêtre, le riche marchand, le guerrier, le gentilhomme, etc. Pour être revêtus d'une autorité authentique, les êtres humains qui incarnent les habitudes et attitudes vénérées doivent avoir voix décisive à l'intérieur de la communauté, au su et au vu de tous ; c'est à eux qu'il appartient de constituer le régime. Que le premier souci des classiques fût la différence des régimes et en particulier la recherche du meilleur régime montre assez que le phénomène social essentiel à leurs yeux est le régime, et que seuls les phénomènes naturels sont plus fondamentaux que lui.

Léo Strauss, *Droit naturel et histoire,* 1953.
Traduction M. Nathan et E. de Dampierre, Plon, 1954, pp. 150-152.

11. Grotius, fondateur du rationalisme juridique moderne

Grotius[1] est le fondateur du rationalisme juridique de l'Europe continentale. Son influence fut décisive, d'abord et surtout en Allemagne, où le *De Jure Belli ac Pacis* est devenu manuel officiel dans plusieurs universités. Pufendorf et ses successeurs et la lignée des romanistes qui ont refondu le droit romain en travaillant sur leurs principes, se réclameront de Grotius, Leibniz s'en inspire, de lui procède toute « l'école » dite « de droit naturel ». Et cela tout le monde le sait ; mais ce qu'on a le tort de méconnaître, c'est qu'en France même le *De Jure Belli ac Pacis* ou sa traduction en français furent sur la table de travail des principaux jurisconsultes : de ceux du moins qui participent à la même œuvre de formation d'un droit commun devant remplacer la pluralité des coutumes et réaliser l'unité juridique dans l'État français systématique, d'esprit bourgeois individualiste, d'un droit tiré de la raison. Cette même hantise de « l'ordre », que nous avons notée chez Grotius, nous la retrouverons par exemple dans l'œuvre de Domat et de Pothier, dans le titre même de leurs livres ; et la même recherche que renforce le succès de la logique cartésienne d'une construction axiomatique. De même que l'œuvre de Pufendorf s'ouvre par un traité des devoirs, Domat et Pothier (ce dernier avec plus de nuances) prendront appui sur la *morale* chrétienne néo-stoïcienne pour fonder l'ensemble du droit. Domat, grand lecteur de Grotius, commence ainsi ses Lois civiles mises dans l'ordre naturel : « par la vue, dit-il, des principes naturels et immuables de l'équité... qu'il ne faut faire de tort à personne... qu'il faut rendre à chacun ce qui lui appartient... qu'il faut être sincère dans les conventions et fidelle en toutes sortes d'engagements ». De ces règles sortent toutes les « Lois civiles ». Et de même Pothier, dans le *Traité des obligations,* après avoir cité Grotius à diverses reprises : « Si les contrats, délits et quasi-délits produisent des obligations c'est... que la loi naturelle ordonne que chacun tienne ce qu'il a promis et qu'il répare le tort commis par sa faute » (I, 1, 3). C'est l'âme du système de Grotius.

Michel Villey, *La formation de la pensée juridique moderne,*
Monchrestien, 1968, pp. 632-633.

12. D'où procède la loi et comment doit-on la faire connaître ?

Que la loi ne puisse jamais être opposée à la raison, nos légistes l'admettent ; ils admettent aussi que ce n'est pas la lettre, ou pour mieux dire, toute interprétation conforme à la lettre, mais bien celle qui s'accorde avec l'intention du législa-

1. Juriste hollandais (1583-1645).

teur, qui est la loi. Et cela est vrai. Mais le doute porte sur ce point : quel est celui dont la raison sera reçue comme loi ? Cela ne peut s'entendre d'aucune raison particulière (il y aurait en effet autant de contradictions dans les lois qu'il en est dans les Écoles), ni même, pour user de la formule de Sir *Edward Coke,* d'une *raison* (telle qu'était la sienne) *amenée par l'art à son point de perfection, à force d'étude, d'observation et d'expérience.* Il peut se faire en effet qu'une longue étude multiplie et confirme des jugements erronés : quand on bâtit sur un fondement trompeur, plus on bâtit, plus grande est la ruine ; il y a donc, et il subsistera nécessairement, de la discordance dans les raisons et les décisions d'hommes qui ont consacré à l'étude et à l'observation autant de temps et autant de soin les uns que les autres. Aussi la loi ne procède-t-elle pas de cette *juris prudentia* ou sagesse des juges subalternes, mais de la raison de cet homme artificiel que nous étudions ici, c'est-à-dire de la République et de ses commandements. Car la République étant, en son représentant, une personne unique, il ne saurait surgir facilement de contradictions au sein des lois ; et s'il en est, la même raison est apte à les éliminer en les interprétant ou en les modifiant. Dans toutes les cours de justice, c'est le souverain (qui est la personne de la République) qui juge. Le juge subalterne doit avoir égard à la raison qui a poussé son souverain à faire telle loi, de telle manière que sa sentence s'accorde avec cette raison : dans ces conditions la sentence prononcée est celle du souverain ; s'il n'en est pas ainsi, la sentence est celle du juge, et est injuste.

La loi étant un commandement, et un commandement consistant dans le fait que celui qui commande exprime ou manifeste sa volonté par oral, par écrit, ou par quelque autre indice adéquat, on comprendra aisément que le commandement de la République n'est loi que pour ceux qui ont le moyen d'en prendre connaissance. Pour les faibles d'esprit, les enfants et les fous, il n'est pas de loi, pas plus que pour les animaux. Ils ne peuvent pas davantage mériter les épithètes de juste ou d'injuste : ils n'ont pas en effet le pouvoir de passer des conventions ni d'en comprendre les conséquences, et par conséquent ils n'ont jamais pris sur eux d'autoriser les actions d'un souverain, comme doivent le faire ceux qui se créent une République. Et de même que ceux que la nature ou un accident a privés de la connaissance de la loi en général, tout homme qu'un accident quelconque ne provenant pas de sa faute a privé du moyen de prendre connaissance de quelque loi particulière est excusé s'il ne l'observe pas : à proprement parler, cette loi n'est pas loi pour lui. Il est donc nécessaire de considérer ici quels indices ou signes sont adéquats pour faire connaître quelle est la loi, autrement dit quelle est la volonté du souverain (aussi bien dans une monarchie que dans toute autre forme de gouvernement).

D'abord s'il existe une loi qui oblige tous les sujets sans exception, et qui ne soit pas écrite ni publiée de quelque autre manière en des endroits où ceux-ci pourraient en prendre connaissance, c'est une loi de nature. En effet, tout ce que les hommes doivent reconnaître comme loi, non pas sur les paroles d'autrui mais chacun d'après sa propre raison, doit être quelque chose qui s'accorde avec la raison de tous : or aucune loi ne saurait être dans ce cas, si ce n'est la loi de nature. Les lois de nature n'ont donc aucun besoin d'être publiées ou proclamées ; elles sont en effet contenues dans cette unique sentence, approuvée par tout l'univers : *ne fais pas à autrui ce que tu estimes déraisonnable qu'un autre te fasse.*

Deuxièmement, s'il existe une loi qui n'oblige que les hommes d'une certaine condition, ou qu'un seul individu, et que cette loi ne soit pas écrite ou publiée par oral, c'est aussi une loi de nature, et elle est connue par les mêmes signes ou indices qui distinguent des autres sujets ceux qui sont placés dans ces conditions. En effet, toute loi qui n'est pas écrite, ou publiée de quelque manière par le législateur, ne peut être connue par aucune autre voie que la raison de celui qui doit s'y soumettre : c'est donc non seulement une loi civile, mais aussi une loi naturelle. Par exemple, si le souverain emploie un ministre public sans lui donner d'instructions écrites sur ce qu'il doit faire, celui-ci est obligé de prendre comme instructions les prescriptions de la raison. Ainsi, s'il institue un juge, il faut que celui-ci prête attention au fait que sa sentence doit s'accorder avec la raison de son souverain : et celle-ci étant toujours réputée coïncider avec l'équité, il est tenu à celle-ci par la loi de nature. Ou bien, s'il est ambassadeur, il doit, pour tout ce qui n'est pas contenu dans ses instructions écrites, prendre pour instructions ce que la raison lui prescrit comme étant le plus favorable aux intérêts de son souverain. Et il en va de même pour tous les autres ministres du pouvoir souverain, publics ou privés. Ces instructions de la raison naturelle peuvent toutes être englobées sous le seul nom de *loyauté [Fidelity]*, qui désigne une des branches de la justice naturelle.

Si on laisse de côté la loi de nature, il est de l'essence de toutes les autres lois d'être portées à la connaissance de ceux qui seront obligés d'y obéir, soit par la parole, soit par l'écriture, soit par quelque autre acte connu comme émanant de l'autorité souveraine. En effet, on ne peut comprendre quelle est la volonté d'autrui qu'à partir de ses paroles ou de ses actes, ou par une conjecture inférée à partir de son but et de son intention : but et intention qui, s'agissant de la personne de la République, sont toujours censés conformes à l'équité et à la raison. Dans les temps anciens, avant que l'écriture ne fût d'un usage courant, les lois étaient souvent mises en vers, afin que le peuple inculte, prenant plaisir à les chanter ou à les réciter, les garde plus aisément en mémoire. C'est pour la même raison que *Salomon* recommande à chacun de lier les dix commandements à ses dix doigts. Quant à la loi que Moïse donna aux Israélites lors du renouvellement du Pacte [Covenant], il leur ordonne de l'enseigner à leurs enfants, en en parlant à la maison et en chemin, en se couchant et en se levant ; de l'inscrire sur les montants et les portes de leurs maisons ; et d'assembler tout le peuple, hommes, femmes et enfants, pour en entendre la lecture.

Mais il ne suffit pas que la loi soit écrite et publiée : il faut aussi qu'il existe des signes évidents qu'elle émane de la volonté du souverain. En effet, il peut arriver que les particuliers, quand ils ont ou pensent avoir la force nécessaire pour mener à bien leurs injustes desseins et les conduire en toute sûreté au terme assigné par leur ambition, publient comme des lois ce qui leur plaît, sans l'assentiment, ou contre la volonté de l'autorité législatrice. Il n'est donc pas seulement indispensable que la loi soit signifiée, mais aussi qu'il existe des signes adéquats indiquant son auteur et son autorité. Qui est l'auteur, c'est-à-dire le législateur, cela est censé être connu dans chaque République de façon manifeste : c'est en effet le souverain, lequel ayant été institué par le consentement de chacun, est censé être adéquatement connu de chacun.

Thomas Hobbes, *Leviathan,* chap. XXVI, 1651.
Traduction F. Tricaud, éd. Sirey, 1971, pp. 288-291.

13. Qu'est-ce qu'une bonne loi ?

Qu'est-ce qu'une bonne loi ? Par bonne loi, je n'entends pas une loi juste, car aucune loi ne peut être injuste. La loi est faite par le pouvoir souverain, et tout ce qui est fait par ce pouvoir est cautionné et reconnu pour sien par chaque membre du peuple : et ce que chacun veut ne saurait être dit injuste par personne. Il en est des lois de la République comme des lois des jeux : ce sur quoi les joueurs se sont accordés n'est pour aucun d'eux une injustice. Une bonne loi se caractérise par le fait qu'elle est, en même temps *nécessaire au bien du peuple,* et claire.

En effet, le rôle des lois, qui ne sont que des règles revêtues d'une autorité, n'est pas d'entraver toute action volontaire, mais seulement de diriger et de contenir les mouvements des gens, de manière à éviter qu'emportés par l'impétuosité de leurs désirs, leur précipitation ou leur manque de discernement, ils ne se fassent du mal : ce sont comme des haies disposées non pour arrêter les voyageurs, mais pour les maintenir sur le chemin. C'est pourquoi si une loi n'est pas nécessaire, et que la vraie fin de toute loi lui fasse donc défaut, elle n'est pas bonne. On peut croire qu'une loi est bonne, quand elle apporte un avantage au souverain sans être pour autant nécessaire au peuple : mais cela n'est pas. En effet, le bien du souverain et celui du peuple ne sauraient être séparés. C'est un souverain faible que celui qui a des sujets faibles ; et c'est un peuple faible que celui que son souverain n'a pas le pouvoir de régir selon sa volonté. Les lois qui ne sont pas nécessaires ne sont pas de bonnes lois, mais des pièges pour attraper l'argent : chose qui est superflue là où le droit du pouvoir souverain est reconnu, et, là où il n'est pas reconnu, insuffisante pour défendre le peuple.

Leur clarté ne tient pas tant aux termes de la loi elle-même qu'à l'exposition des causes et motifs pour lesquels la loi a été faite. C'est par cette exposition que l'on connaît l'intention du législateur ; et une fois celle-ci connue, la loi se comprend mieux si elle tient en peu de mots que si elle en comprend beaucoup. Tous les mots, en effet, sont sujets à l'ambiguïté : aussi la multiplication de mots dans le corps de la loi multiplie-t-elle l'ambiguïté. Elle semble, en outre, par son excès de précision, impliquer que celui qui parvient à se mettre hors de la portée du texte littéral n'est pas visé par la loi. C'est là la cause de beaucoup de procès inutiles. En effet, quand je considère la brièveté des lois de jadis, et comment par degrés elles sont devenues de plus en plus longues, j'ai l'impression d'assister à une sorte de lutte entre les rédacteurs des lois et les avocats, les premiers cherchant à enfermer les seconds, les seconds cherchant à leur échapper ; et il me semble que ce sont ceux-ci qui l'ont emporté. Il appartient donc à la fonction du législateur (c'est-à-dire, dans chaque République, du représentant suprême, qu'il s'agisse d'un homme ou d'une assemblée) de rendre claires les raisons pour lesquelles la loi est faite, et de rendre le corps lui-même de la loi aussi bref que possible, mais avec des termes aussi appropriés et aussi significatifs que possible.

Thomas Hobbes, *ibid.*, chap. XXX. Traduction *ibid.*, pp. 370-371.

14. L'homme naturel et la loi naturelle : difficultés d'une telle étude

Quelles expériences seraient nécessaires pour parvenir à connaître l'homme naturel ; et quels sont les moyens de faire ces expériences au sein de la société ? Loin d'entreprendre de résoudre ce Problême, je crois en avoir assés medité le Sujet, pour oser répondre d'avance que les plus grands Philosophes ne seront pas trop bons pour diriger ces expériences, ni les plus puissans souverains pour les faire ; concours auquel il n'est guéres raisonnable de s'attendre sur-tout avec la perseverance ou plustôt la succession de lumiéres et de bonne volonté nécessaire de part et d'autre pour arriver au succés.

Ces recherches si difficiles à faire, et auxquelles on a si peu songé jusqu'ici, sont pourtant les seuls moyens qui nous restent de lever une multitude de difficultés qui nous dérobent la connoissance des fondements réels de la société humaine. C'est cette ignorance de la nature de l'homme qui jette tant d'incertitude et d'obscurité sur la véritable définition du droit naturel : car l'idée du droit, dit Mr. Burlamaqui, et plus encore celle du droit naturel, sont manifestement des idées rélatives à la Nature de l'homme. C'est donc de cette Nature même de l'homme, continue-t-il, de sa constitution et de son État qu'il faut déduire les principes de cette science.

Ce n'est point sans surprise et sans scandale qu'on remarque le peu d'accord qui régne sur cette importante matiere entre les divers Auteurs qui en ont traité. Parmi les plus graves Écrivains à peine en trouve-t-on deux qui soient du même avis sur ce point. Sans parler des Anciens Philosophes qui semblent avoir pris à tâche de se contredire entre eux sur les principes les plus fondamentaux, les Jurisconsultes Romains assujettissent indifferemment l'homme et tous les autres animaux à la même Loy naturelle, parce qu'ils considèrent plutôt sous ce nom la Loy que la Nature s'impose à elle même, que celle qu'elle prescrit ; ou plutôt, à cause de l'acception particuliére selon laquelle ces Jurisconsultes entendent le mot de Loy qu'ils semblent n'avoir pris en cette occasion que pour l'expression des rapports généraux établis par la nature entre tous les êtres animés, pour leur commune conservation. Les Modernes ne reconnoissent sous le nom de Loy qu'une régle prescrite à un être moral, c'est-à-dire intelligent, libre, et considéré dans ses rapports avec d'autres êtres, bornent consequemment au seul animal doué de raison, c'est-à-dire à l'homme, la compétence de la Loy naturelle ; mais définissant cette Loy chacun à sa mode, ils l'établissent tous sur des principes si méthaphysiques qu'il y a même parmi nous, bien peu de gens en état de comprendre ces principes, loin de pouvoir les trouver d'eux mêmes. De sorte que toutes les définitions de ces savans hommes, d'ailleurs en perpetuelle contradiction entre elles, s'accordent seulement en ceci, qu'il est impossible d'entendre la Loy de Nature et par consequent d'y obéir, sans être un très grand raisonneur et un profond Metaphisicien. Ce qui signifie precisément que les hommes ont dû employer pour l'établissement de la société, des lumiéres qui ne se développent qu'avec beaucoup de peine et pour fort peu de gens dans le sein de la société même.

Connoissant si peu la Nature et s'accordant si mal sur le sens du mot *Loi,* il seroit bien difficile de convenir d'une bonne définition de la Loi naturelle. Aussi toutes celles qu'on trouve dans les Livres, outre le défaut de n'être point uniformes, ont-elles encore celui d'être tirées de plusieurs Connoissances que les hommes n'ont point naturellement, et des avantages dont ils ne peuvent concevoir l'idée qu'après être sortis de l'État de Nature. On commence par rechercher les régles dont, pour l'utilité commune, il seroit à propos que les hommes convinssent entr'eux ; et puis on donne le nom de Loi naturelle à la collection de ces régles qui résulteroit de leur pratique universelle. Voilà assurément une maniére très-commode de composer des définitions, et d'expliquer la nature des choses par des convenances presque arbitraires.

Mais tant que nous ne connoîtrons point l'homme naturel, c'est en vain que nous voudrons déterminer la Loi qu'il a reçue ou celle qui convient le mieux à sa constitution. Tout ce que nous pouvons voir très clairement au sujet de cette Loi, c'est que non seulement pour qu'elle soit loi il faut que la volonté de celui qu'elle oblige puisse s'y soumettre avec connoissance ; Mais il faut encore pour qu'elle soit naturelle qu'elle parle immediatement par la voix de la Nature.

Laissant donc tous les livres scientifiques qui ne nous apprennent qu'à voir les hommes tels qu'ils se sont faits, et méditant sur les premières et plus simples opérations de l'Ame humaine, j'y crois apercevoir deux principes antérieurs à la raison, dont l'un nous intéresse ardemment à nôtre bien-être et à la conservation de nous mêmes, et l'autre nous inspire une répugnance naturelle à voir perir ou souffrir tout être sensible et principalement nos semblables. C'est du concours et de la combinaison que nôtre esprit est en état de faire de ces deux Principes, sans qu'il soit nécessaire d'y faire entrer celui de la sociabilité, que me paroissent découler toutes les régles du droit naturel; régles que la raison est ensuite forcée de rétablir sur d'autres fondemens, quand par ses développemens successifs elle est venue à bout d'étouffer la Nature.

De cette manière, on n'est point obligé de faire de l'homme un Philosophe avant que d'en faire un homme; ses devoirs envers autrui ne lui sont pas uniquement dictés par les tardives leçons de la Sagesse; et tant qu'il ne résistera point à l'impulsion intérieure de la commisération, il ne fera jamais de mal à un autre homme ni même à aucun être sensible, excepté dans le cas légitime où sa conservation se trouvant intéressée, il est obligé de se donner la préférence à lui-même. Par ce moyen, on termine aussi les anciennes disputes sur la participation des animaux à la Loi naturelle : Car il est clair que, dépourvus de lumières et de liberté, ils ne peuvent reconnoître cette Loi; mais tenant en quelque chose à nôtre nature par la sensibilité dont ils sont doués, on jugera qu'ils doivent aussi participer au droit naturel, et que l'homme est assujetti envers eux à quelque espèce de devoirs. Il semble, en effet, que si je suis obligé de ne faire aucun mal à mon semblable, c'est moins parce qu'il est un être raisonnable que parce qu'il est un être sensible; qualité qui étant commune à la bête et à l'homme, doit au moins donner à l'une le droit de n'être point maltraitée inutilement par l'autre.

Cette même étude de l'homme originel de ses vrais besoins, et des principes fondamentaux de ses devoirs, est encore le seul bon moyen qu'on puisse employer pour lever ces foules de difficultés qui se présentent sur l'origine de l'inégalité morale, sur les vrais fondemens du Corps politique, sur les droits réciproques de ses membres, et sur mille autres questions semblables, aussi importantes que mal éclaircies.

En considérant la société humaine d'un regard tranquile et desintéressé, elle ne semble montrer d'abord que la violence des hommes puissans et l'oppression des foibles; l'esprit se révolte contre la dureté des uns; on est porté à déplorer l'aveuglement des autres; et comme rien n'est moins stable parmi les hommes que ces relations extérieures que le hazard produit plus souvent que la sagesse, et qu'on appelle foiblesse ou puissance, richesse ou pauvreté, les établissemens humains paroissent au premier coup d'œuil fondés sur des monceaux de Sable mouvant : ce n'est qu'en les éxaminant de près, ce n'est qu'après avoir écarté la poussière et le sable qui environnent l'Edificie, qu'on aperçoit la base inébranlable sur laquelle il est élevé, et qu'on apprend à en respecter les fondemens. Or sans l'étude serieuse de l'homme, de ses facultés naturelles, et de leurs développemens successifs, on ne viendra jamais à bout de faire ces distinctions, et de séparer dans l'actuelle constitution des choses, ce qu'a fait la volonté divine d'avec ce que l'art humain a prétendu faire. Les recherches Politiques et morales auxquelles donne lieu l'importante question que j'éxamine, sont donc utiles de toutes maniéres, et l'histore hypotétique des gouvernemens, est pour l'homme une leçon instructive à tous égards. En considérant ce que nous serions devenus, abandonnés à nous mêmes, nous devons apprendre à bénir celui dont la main bienfaisante, corrigeant nos institutions et leur donnant une assiéte inébranlable, a prévenu les desordres qui devroient en résulter, et faire naître nôtre bonheur des moyens qui sembloient devoir combler nôtre misère.

Quem te Deus esse
Jussit, et humanâ quâ parte locatus es in re, Disce.

Rousseau, *Discours sur l'origine et les fondements de l'inégalité,* Préface, 1754, coll. La Pléiade, t. 3, pp. 123-127.

15. La loi naturelle selon les « idéologues »

I
De la loi naturelle

D. Qu'est-ce que la loi naturelle ?

R. C'est l'ordre régulier et constant des faits, par lequel DIEU régit l'univers ; ordre que sa *sagesse* présente aux sens et à la raison des hommes, pour servir à leurs actions de règle égale et commune, et pour les guider, sans distinction de pays ni de secte, vers la perfection et le bonheur.

D. Définissez-moi clairement le mot *loi.*

R. Le mot *loi,* pris littéralement, signifie *lecture**, parce que, dans l'origine, les *ordonnances* et *règlements* étaient la lecture par excellence que l'on faisait au peuple, afin qu'il les observât et n'encourût pas les peines portées contre leur infraction : d'où il suit que l'usage originel expliquant l'idée véritable, la loi se définit :

« Un ordre ou une défense d'agir, avec la clause expresse d'une peine attachée à l'infraction, ou d'une récompense attachée à l'observation de cet ordre. »

D. Est-ce qu'il existe de tels ordres dans la nature ?

R. Oui.

D. Que signifie ce mot *nature ?*

R. Le mot *nature* prend trois sens divers :

1° Il désigne l'univers, le monde matériel ; on dit, dans ce premier sens, *beauté de la nature, richesse de la nature,* c'est-à-dire les objets du ciel et de la terre offerts à nos regards ;

2° Il désigne la *puissance* qui anime, qui meut l'univers, en la considérant comme un être distinct, comme l'âme est au corps ; on dit, dans ce second sens : « Les *intentions de la nature,* les secrets incompréhensibles de la nature ».

3° Il désigne les opérations partielles de cette puissance dans chaque être ou dans chaque classe d'êtres; et l'on dit, dans ce troisième sens : « C'est une énigme que la *nature* de l'*homme;* chaque être agit selon sa *nature.* »

Or, comme les actions de chaque être ou de chaque espèce sont soumises à des règles constantes et générales, qui ne peuvent être enfreintes sans que l'ordre général ou particulier soit interverti et troublé, l'on donne à ces règles d'actions et de mouvements le nom de *lois naturelles* ou *lois de la nature.*

D. Donnez-moi des exemples de ces lois.

R. C'est une loi de la nature, que le soleil éclaire successivement la surface du globe terrestre; — que sa présence y excite la lumière et la chaleur; — que la chaleur agissant sur l'eau forme des vapeurs; — que ces vapeurs élevées en nuages dans les régions de l'air, s'y résolvent en pluies ou neiges, qui renouvellent sans cesse les eaux des sources et des fleuves.

C'est une loi de la nature, que l'eau coule de haut en bas; qu'elle cherche son niveau; qu'elle soit plus pesante que l'air; — que tous les corps tendent vers la terre; — que la flamme s'élève vers les cieux; qu'elle désorganise les végétaux et les animaux; — que l'air soit nécessaire à la vie de certains animaux; que, dans certaines circonstances, l'eau les suffoque et les tue; que certains sucs de plantes, certains minéraux attaquent leurs organes, détruisent leur vie; et ainsi d'une foule d'autres faits.

Or, parce que tous ces faits et leurs semblables sont immuables, constants, réguliers, il en résulte pour l'homme autant de véritables *ordres* de s'y conformer, avec la clause expresse d'une peine attachée à leur infraction, ou d'un bien-être attaché à leur observation : de manière que si l'homme prétend voir clair dans les ténèbres, s'il contrarie la marche des saisons, l'action des éléments; s'il prétend vivre dans l'eau sans se noyer, toucher la flamme sans se brûler, se priver d'air sans s'étouffer, boire des poisons sans se détruire, il reçoit de chacune de ces infractions aux lois naturelles une punition corporelle et proportionnée à sa faute; — qu'au contraire, s'il observe et pratique chacune de ces lois dans les rapports exacts et réguliers qu'elles ont avec lui, il conserve son existence, et la rend aussi heureuse qu'elle peut l'être; et parce que toutes ces lois, considérées relativement à l'espèce humaine, ont pour but unique et commun de la conserver et de la rendre heureuse, on est convenu d'en rassembler l'idée sous un même mot, et de les appeler collectivement la *loi naturelle.*

II
Caractères de la loi naturelle

D. Quels sont les caractères de la loi naturelle?

R. On en peut compter dix principaux.

D. Quel est le premier?

R. C'est d'être inhérente à l'existence des choses, par conséquent, d'être *primitive* et antérieure à toute autre loi; en sorte que toutes celles qu'ont reçues les hommes n'en sont que des imitations, dont la perfection se mesure sur leur ressemblance avec ce modèle primordial.

D. Quel est le second ?

R. C'est de venir immédiatement de DIEU, d'être présentée par lui à chaque homme, tandis que les autres ne nous sont présentées que par des hommes qui peuvent être trompés ou trompeurs.

D. Quel est le troisième ?

R. C'est d'être commune à tous les temps, à tous les pays, c'est-à-dire, d'être une et universelle.

D. Est-ce qu'aucune autre loi n'est universelle ?

R. Non : car aucune ne convient, aucune n'est applicable à tous les peuples de la terre ; toutes sont locales et accidentelles, nées par des circonstances de lieux et de personnes ; en sorte que si tel homme, tel événement n'eût pas existé, telle loi n'existerait pas.

D. Quel est le quatrième caractère ?

R. C'est d'être uniforme et invariable.

D. Est-ce qu'aucune autre n'est uniforme et invariable ?

R. Non : car ce qui est *bien* et *vertu* selon l'une, est *mal* et *vice* selon l'autre ; et ce qu'une même loi approuve dans un temps, elle le condamne souvent dans un autre.

D. Quel est le cinquième caractère ?

R. D'être évidente et palpable, parce qu'elle consiste tout entière en faits sans cesse présents aux sens et à la démonstration.

D. Est-ce que les autres lois ne sont pas évidentes ?

R. Non : car elles se fondent sur des faits passés et douteux, sur des témoignages équivoques et suspects, et sur des preuves inaccessibles aux sens.

D. Quel est le sixième caractère ?

R. D'être raisonnable, parce que ses préceptes et toute sa doctrine sont conformes à la raison et à l'entendement humain.

D. Est-ce qu'aucune autre loi n'est raisonnable ?

R. Non : car toutes contrarient la raison et l'entendement de l'homme, et lui imposent avec tyrannie une croyance aveugle et impraticable.

D. Quel est le septième caractère ?

R. D'être juste, parce que dans cette loi les peines sont proportionnées aux infractions.

D. Est-ce que les autres lois ne sont pas justes ?

R. Non : car elles attachent souvent aux mérites ou aux délits des peines ou des récompenses démesurées, et elles imputent à mérite ou à délit des actions nulles ou indifférentes.

D. Quel est le huitième caractère ?

R. D'être pacifique et tolérante, parce que, dans la loi naturelle, tous les hommes étant frères et égaux en droits, elle ne leur conseille à tous que paix et tolérance, même pour leurs erreurs.

D. Est-ce que les autres lois ne sont pas pacifiques ?

R. Non : car toutes prêchent la dissension, la discorde, la guerre, et divisent les hommes par des prétentions exclusives de vérité et de domination.

D. Quel est le neuvième caractère ?

R. D'être également bienfaisante pour tous les hommes, en leur enseignant à tous les véritables moyens d'être meilleurs et plus heureux.

D. Est-ce que les autres ne sont pas aussi bienfaisantes ?

R. Non : car aucune n'enseigne les véritables moyens du bonheur ; toutes se réduisent à des pratiques pernicieuses ou futiles ; et les faits le prouvent, puisque après tant de lois, tant de religions, de législateurs et de prophètes, les hommes sont encore aussi malheureux et aussi ignorants qu'il y a six mille ans.

D. Quel est le dernier caractère de la loi naturelle ?

R. C'est de suffire seule à rendre les hommes plus heureux et meilleurs, parce qu'elle embrasse tout ce que les autres lois civiles ou religieuses ont de bon ou d'utile, c'est-à-dire qu'elle en est essentiellement la partie morale ; de manière que si les autres lois en étaient dépouillées, elles se trouveraient réduites à des opinions chimériques et imaginaires, sans aucune utilité pratique.

D. Résumez-moi tous ces caractères.

R. J'ai dit que la loi naturelle est,

1° Primitive ;
2° Immédiate ;
3° Universelle ;
4° Invariable ;
5° Évidente ;
6° Raisonnable ;
7° Juste ;
8° Pacifique ;
9° Bienfaisante ;
10° Et seule suffisante.

Et telle est la puissance de tous ces attributs de perfection et de vérité, que lorsqu'en leurs disputes les théologiens ne peuvent s'accorder sur aucun point de croyance, ils ont recours à la *loi naturelle* dont l'oubli, disent-ils, a forcé Dieu d'envoyer de temps en temps des prophètes publier des lois nouvelles : comme si Dieu faisait des lois de circonstance, à la manière des hommes, surtout quand la première subsiste avec tant de force, qu'on peut dire qu'en tout temps et en tout pays elle n'a cessé d'être la loi de conscience de tout homme raisonnable et sensé.

D. Si, comme vous le dites, elle émane immédiatement de Dieu, enseigne-t-elle son existence ?

R. Oui, très positivement : car pour tout homme qui observe avec réflexion le spectacle étonnant de l'univers, plus il médite sur les propriétés et les attributs de chaque être, sur l'ordre admirable et l'harmonie de leurs mouvements, plus il lui est démontré qu'il existe un *agent suprême,* un moteur *universel* et *identique,* désigné par le nom de DIEU ; et il est si vrai que la loi naturelle suffit pour élever à la connaissance de DIEU, que tout ce que les hommes ont prétendu en connaître par des moyens étrangers, s'est constamment trouvé ridicule, absurde, et qu'ils ont été obligés d'en revenir aux immuables notions de la raison naturelle.

D. Il n'est donc pas vrai que les sectateurs de la *loi naturelle* soient athées !

R. Non, cela n'est pas vrai : au contraire, ils ont de la Divinité des idées plus fortes et plus nobles que la plupart des autres hommes; car ils ne la souillent point du mélange de toutes les faiblesses et de toutes les passions de l'humanité.

D. Quel est le culte qu'ils lui rendent ?

R. Un culte tout entier d'action : la pratique et l'observation de toutes les règles que la *surpême sagesse* a imposées aux mouvements de chaque être ; règles éternelles et inaltérables, par lesquelles elle maintient l'ordre et l'harmonie de l'univers, et qui, dans leurs rapports avec l'homme, composent la loi naturelle.

D. A-t-on connu avant ce jour la loi naturelle ?

R. On en a de tout temps parlé : la plupart des législateurs ont dit la prendre pour base de leurs lois ; mais ils n'en ont cité que quelques préceptes, et ils n'ont eu de sa totalité que des idées vagues.

D. Pourquoi cela !

R. Parce que, quoique simple dans ses bases, elle forme, dans ses développements et ses conséquences, un ensemble compliqué qui exige la connaissance de beaucoup de faits, et toute la sagacité du raisonnement.

D. Est-ce que l'instinct seul n'indique pas la loi naturelle !

R. Non : car par *instinct* l'on n'entend que ce sentiment aveugle qui porte indistinctement vers tout ce qui flatte les gens.

D. Pourquoi dit-on que la loi naturelle est gravée dans le cœur de tous les hommes !

R. On le dit par deux raisons : 1° parce que l'on a remarqué qu'il y avait des actes et des sentiments communs à tous les hommes, ce qui vient de leur commune organisation ; 2° parce que les premiers philosophes ont cru que les hommes naissaient avec des idées déjà formées, ce qui est maintenant démontré une erreur.

D. Les philosophes se trompent donc ?

R. Oui, cela leur arrive.

D. Pourquoi cela ?

R. 1° Parce qu'ils sont hommes ; 2° parce que les ignorants appellent philosophes tous ceux qui raisonnent bien ou mal ; 3° parce que ceux qui raisonnent sur beaucoup de choses, et qui en raisonnent les premiers, sont sujets à se tromper.

D. Si la loi naturelle n'est pas écrite, ne devient-elle pas une chose arbitraire et idéale ?

R. Non : parce qu'elle consiste tout entière en faits dont la démonstration peut sans cesse se renouveler aux sens, et composer une science aussi précise et aussi exacte que la géométrie et les mathématiques ; et c'est par la raison même que la loi naturelle forme une science exacte, que les hommes, nés ignorants et vivant distraits, ne l'ont connue, jusqu'à nos jours, que superficiellement.

C.F. Volney, *La loi naturelle,* 1793, Garnier 1980, pp. 40-45.

16. Formes de constitution

La division naturelle des constitutions en monarchie, aristocratie et démocratie doit être analysée au regard du développement de l'Idée, du point de vue de la rationalité. Une constitution n'est pas seulement un texte juridique mais un ensemble de coutumes, de traditions, de règles qui vivent dans la conscience d'un peuple. Un État bien constitué est un tout organique.

La division traditionnelle des constitutions en monarchie, aristocratie et démocratie se fonde sur l'unité substantielle encore indivise, qui n'est pas encore parvenue à sa différenciation interne (à une organisation développée en soi) et donc à la profondeur et à la rationalité concrète. Pour le point de vue qui fut celui du monde antique, cette classification est donc la division exacte et vraie ; car, pour une unité qui n'est encore que substantielle et qui n'est pas parvenue à son développement absolu, la différence (entre constitutions) ne peut être essentiellement qu'une différence extérieure et apparaît tout d'abord comme la différence du nombre *(Encyclopédie des sciences philosophiques,* § 82 - 3ᵉ éd. : § 132) de ceux dans lesquels cette unité substantielle doit être immanente. Ces formes de constitution qui, dans cette manière, appartiennent à des ensembles différents sont rabaissés au rang de moments dans le cadre de la monarchie constitutionnelle : le monarque est un seul, le pouvoir gouvernemental est l'affaire de quelques-uns, le pouvoir législatif est l'affaire du plus grand nombre. Mais, comme on vient de le dire, ces différences quantitatives ne sont que superficielles et ne concernent pas le concept de la chose elle-même. De même, il ne convient pas de parler d'éléments démocratiques ou aristocratiques résidant dans la monarchie, comme on l'a fait de nos jours ; car toutes ces déterminations, du fait qu'elles ont leur place dans la monarchie, n'ont plus rien de démocratique ou d'aristocratique.

Il y a des conceptions de la constitution où l'on n'insiste que sur le côté abstrait de l'État : un tel commande, un tel obéit, sans déterminer , parce qu'on considère cela comme indifférent, s'il y aura à la tête de cet État un seul, plusieurs ou tous. « Toutes ces formes, dit par exemple Fichte dans son *Droit naturel* (1ʳᵉ partie, p. 196, § 16), sont conformes au droit, pourvu qu'il y ait un Ephorat (une institution inventée par lui et destinée à faire contrepoids au pouvoir souverain), et peuvent introduire le droit universel dans l'Etat et l'y maintenir. » Une telle conception (ainsi que cette invention de l'Ephorat) a sa source dans la superficialité du concept de l'Etat dont nous avons déjà fait mention. Dans un état primitif et simple de la société, ces différences n'ont que peu ou pas de signification du tout. C'est ainsi, par exemple, que Moïse ne prévoit aucune modification des institutions au cas où le peuple réclamerait un roi, mais il se borne à prescrire au roi de ne pas avoir une cavalerie nombreuse, un grand nombre de femmes, ni de l'or ou de l'argent en abondance *(Deutéronome,* XVII, 16).

D'ailleurs, on peut dire qu'en un sens, pour l'Idée, ces trois formes sont indifférentes (y compris la monarchie dans la signification restreinte où elle est prise comme une forme de constitution qui se place à côté de l'aristocratie et de la démocratie), mais alors, c'est dans le sens opposé (à celui de Fichte), car elles ne sont, toutes trois, pas conformes à l'Idée dans son développement rationnel (§ 272), l'Idée ne pouvant atteindre son droit et sa réalité dans aucune d'elles. C'est donc une question sans intérêt de se demander laquelle est la meilleure. On ne peut sérieusement parler de ces formes que d'un point de vue historique.

Sur ce point comme sur tant d'autres, il faut reconnaître ici la vision profonde de Montesquieu dans son exposé célèbre des principes de ces formes de gouvernement, mais pour reconnaître l'exactitude de cette contribution, il ne faut pas se méprendre sur sa signification. On sait que Montesquieu a fait de la vertu le principe de la démocratie, car, en réalité, une telle constitution repose sur la disposition d'esprit qui constitue la seule forme substantielle, dans laquelle la rationalité de la volonté en soi et pour soi existe encore. Mais lorsque Montesquieu ajoute qu'au XVIIe siècle, l'Angleterre a offert le beau spectacle d'échouer dans ses efforts pour créer une démocratie, en raison du manque de vertu chez ses dirigeants — et lorsqu'il déclare en outre, que, lorsque la vertu disparaît de la république, l'ambition s'empare de ceux dont le cœur en est capable et l'avarice de tous et, que, par suite, l'État étant devenu une proie pour tous, sa force ne réside plus que dans la puissance de quelques individus et dans la licence de tous — il faut remarquer que, dans un état plus évolué de la société et avec le développement et la libération des puissances de la particularité, la vertu des chefs de l'État ne suffit plus et qu'une autre forme de la loi rationnelle que celle de la disposition d'esprit devient nécessaire, afin que le tout ait la force de se maintenir et qu'on puisse accorder aux forces de la particularité développée leur droit positif et leur droit négatif. Il faut, de la même façon, se garder d'une fausse interprétation et éviter de croire que, la disposition à la vertu étant la forme substantielle dans une république, elle devient superflue dans une monarchie et même doit en être absente, comme si la vertu et l'activité légalement déterminée au sein d'une organisation étatique différenciée s'opposaient et s'excluaient l'une l'autre. Que la modération soit le principe de l'aristocratie cela implique que se manifeste une séparation entre la puissance publique et les intérêts privés. Mais ces intérêts et cette puissance se touchent de si près que cette constitution est toujours sur le point d'être détruite ou de dégénérer dans un état très dur de tyrannie ou d'anarchie (qu'on lise, pour s'en convaincre, l'histoire romaine !). En faisant de l'honneur le principe de la monarchie, Montesquieu montre qu'il n'a pas eu en vue la monarchie patriarcale ou antique, mais la monarchie féodale, et cela, dans la mesure où les relations de son droit public interne sont devenues des propriétés privées légales, des privilèges accordés aux individus et aux corporations. Puisque, dans une telle constitution, la vie de l'État repose sur des personnes privilégiées et que c'est de leur bon vouloir que dépend, pour une grande part, ce qui doit être fait pour la sauvegarde de l'État, il en résulte que la façon dont ils servent l'État n'est pas liée à des devoirs, mais à la représentation et à l'opinion, si bien que ce n'est pas le devoir, mais seulement l'honneur qui maintient l'État dans son unité.

Une autre question se présente aisément à l'esprit : *Qui doit faire la constitution ?* Cette question paraît claire, mais, à un examen plus sérieux, se révèle dépourvue de sens. Elle suppose, en effet, qu'il n'existe aucune constitution, mais uniquement une foule atomistique d'individus. Comment une foule peut-elle parvenir à avoir une constitution, que ce soit par elle-même, ou par une aide extérieure, qu'elle lui soit donnée par bonté, imposée par la force ou par la pensée ? C'est à cette foule qu'il faudrait, dans cette hypothèse, laisser le soin de résoudre cette difficulté, car le concept n'a pas affaire à une foule. Si cette question présuppose qu'il existe déjà une constitution, alors *faire* signifie seulement faire une modification et la supposition d'une constitution antérieure implique que la modification ne peut se produire que par la voie constitutionnelle. D'une manière générale, il est absolument essentiel que la constitution, quoiqu'elle soit venue à l'existence dans le temps, ne soit pas considérée comme quelque chose de fabriqué, car elle est vraiment ce qui est absolument en soi et pour soi et qui, pour cette raison, doit être considéré comme le divin et le durable, comme quelque chose qui est au-dessus de la sphère des choses fabriquées.

G.W.F. Hegel, *Principes de la philosophie du droit,* 1821,
Traduction R. Derathé, Vrin, 1975, pp. 283-286.

C. *Autour du despotisme*

17. Le despotisme, d'Aristote à Montesquieu

Le substantif *despotisme* est entré assez tard dans la langue. Le premier dictionnaire à en faire mention est celui de Trévoux, en 1721. Le dictionnaire de l'Académie française le reçoit dans son édition de 1740 et le définit comme « autorité absolue, pouvoir absolu », ajoutant que « le despotisme s'introduit dans les États qui subsistent longtemps », En 1771, le dictionnaire de Trévoux notera que le terme est désormais plus en usage que celui de « despoticité, et en donnera une définition plus complète et plus précise : il s'agit d'une « forme de gouvernement dans lequel le souverain est maître absolu, a une autorité sans bornes, un pouvoir arbitraire, qui n'a pour règle que sa volonté. Tel est le gouvernement de Turquie, du Mogol, du Japon, de Perse et presque de toute l'Asie. Le principe, le caractère et les maux qu'entraîne le despotisme sont suffisamment développés dans nos meilleurs écrivains ». En fait, comme déjà de Jaucourt dans l'*Encyclopédie,* l'auteur de l'article pense avant tout à Montesquieu. C'est en effet *l'Esprit des Lois,* en 1748, qui habilite théoriquement le terme, en fait le nom d'une forme de gouvernement, et en illustre le concept par exemple des gouvernements d'Asie.

Notons pourtant que, depuis longtemps déjà, l'adjectif *despotique* (et l'adverbe *despotiquement)* était couramment employé. On le rencontre, par exemple, dans le chapitre X des *Caractères* de La Bruyère, et il servait, depuis la Fronde, et surtout depuis la révocation de l'édit de Nantes, à qualifier les abus du pouvoir royal dont se rendait coupable le Roi-Soleil. Mais si le terme *despotique* s'impose de plus en plus pour qualifier ces abus, si le débat qui s'engage à l'époque de la minorité de Louis XIV sur le terme et la notion de *pouvoir despotique* prend tant d'importance, c'est que, par le biais du mot, c'est l'essence même de la monarchie qui est interrogée, et avec elle, le ressort profond du pouvoir, les raisons qui font qu'un peuple accepte de se plier à l'autorité absolue d'un homme.

Lorsque La Bruyère écrit que « nommer un roi Père du peuple est moins faire son éloge que l'appeler par son nom, ou faire sa définition », il rappelle le principe fondamental d'une doctrine depuis longtemps reçue par les théoriciens de la monarchie absolue (et que Bossuet réaffirme dans sa *Politique tirée des propres par les de l'Écriture sainte*) : l'origine et la légitimité du pouvoir royal sont l'autorité naturelle, instituée par Dieu, qu'un père exerce sur ses enfants et qui s'accompagne de devoirs mutuels. Or c'est précisément parce que le pouvoir royal s'enracine dans le pouvoir domestique, qu'on peut en dénoncer l'abus en le qualifiant de *despotique.* Qu'était en effet le despote (dejpoths) chez les Grecs, sinon justement un « père de famille », comme le rappellera Voltaire à Montesquieu, qui semble l'avoir oublié ? Encore faut-il s'entendre : si le pouvoir « despotique », originairement, est le pouvoir du père de famille, ce pouvoir, explique Aristote, n'est *despotique* qu'en tant qu'il s'exerce non pas sur les enfants ou la femme, mais sur les esclaves. Lorsqu'on parle du pouvoir *despotique* du Roi de France, on maintient donc la nature essentiellement domestique de son pouvoir, qui l'assimile à un père de famille. Mais on le dénonce précisément comme un père dénaturé, en ce qu'il confond ses enfants (le peuple) avec des esclaves. Aussi définir le Roi comme « Père du peuple » ne suffit-il pas : il convient en plus de déterminer ce qu'est un père, ce qu'est un enfant, quels sont leurs rapports véritables, leurs droits et leurs devoirs réciproques, en quoi ce pouvoir proprement paternel se distingue du pouvoir du mari sur sa femme ou de celui du maître sur ses esclaves ou ses serviteurs. Toutes questions que le XVIIIe siècle ne cessera d'agiter, réinterrogeant les vieilles catégories d'autorité, de puissance, de maîtrise. On verra plus tard comment se nouent, à partir de la fin du XVIIe siècle, les critiques portées à l'arbitraire de l'absolutisme royal et les idées nouvelles sur la famille, et comment les représentations de la fonction de père et de celle de roi, d'éducateur et de législateur, etc., se modifieront l'une avec l'autre et même, dans une large mesure, l'une *par* l'autre. Soulignons seulement ici qu'à propos de ces termes *despote, despotique, despotisme,* s'opère un étonnant renversement sémantique. Ce qui valait originairement dans la seule sphère domestique et privée, sert, dans un premier temps, à qualifier les abus, les perversions d'un pouvoir royal lui-même assimilé au pouvoir paternel. Mais lorsque Montesquieu impose le substantif *despotisme,* c'est une forme spécifique de gouvernement politique qu'il désigne : le « domestique » se trouve alors définitivement « politisé ». Du coup, ce ne sera plus la catégorie domestique qui servira de modèle pour penser le politique, mais l'inverse. Rousseau, par exemple, parle de « l'inique despotisme des pères [1] », utilisant un concept manifestement politique dans un sens figuré. Le *Dictionnaire de l'Académie,* dans l'édition de 1798, notera que le terme *despotisme* « se dit figurément de l'autorité qu'on s'arroge sur les

1. *Nouvelle Héloïse*, seconde préface, Pléiade, t. II, p. 24 : « Depuis que tous les sentiments de la nature sont étouffés par l'extrême inégalité, c'est de l'inique despotisme des pères que viennent les vices et les malheurs des enfants. »

hommes et sur les choses». On peut dire, ainsi, que «le père établit le plus grand *despotisme* dans sa maison, sur tous ses domestiques».

Étrange destinée du sens, qui devient «figuré» lorsqu'on parle, à la fin du XVIIIe siècle, du chef de famille comme d'un *despote,* alors que c'était là, à l'origine, son seul sens propre, tout usage des mots *despote* ou *despotique* dans le champ politique ne pouvant être, selon Aristote, qu'analogique et impropre. Mais il y a, dans ce chiasme sémantique, beaucoup plus qu'une curiosité linguistique. Aussi vaut-il la peine, avant d'interroger ce spectre que fut, pour les hommes du XVIIIe siècle, le despotisme, de remonter à son terrain d'origine théorique : la *Politique* d'Aristote. C'est là en effet que le monstre est engendré, là aussi qu'il reçoit la figure sous laquelle il réapparaîtra, à l'aube de l'âge classique. (...) Chez les barbares, les distinctions de pouvoir, nécessaires à marquer chez les Grecs, sont inexistantes. Ils ne peuvent connaître qu'un seul type de pouvoir : le despotisme. Et il faut bien qu'Aristote considère que les royautés asiatiques ne sont que des tyrannies à peine déguisées, pour admettre que «le Grec au barbare a droit de commander».

Mais c'est aux barbares *asiatiques* avant tout qu'il pense, comme le confirme le livre VII où, examinant l'influence des climats sur les différences politiques, il oppose les peuples du nord de l'Europe et ceux d'Asie : au nord, ils sont riches de courage, mais sans industrie; capables donc de conserver leur liberté, mais incapables jamais de dominer les autres. «Les populations asiatiques, au contraire, sont fines et industrieuses; mais dépourvues de courage, elles passent leur vie dans la dépendance et l'esclavage.» C'est pourquoi la race hellène, habitant le juste milieu, possédant donc à la fois le courage et la finesse, est appelée — si elle s'unifie politiquement - à dominer le monde en restant libre [1].

Voici donc un lieu : l'Asie, où tout le pouvoir politique semble se réduire à un semblant qui masque à peine un despotisme voulu par la nature. Despotisme *au sens propre,* et non plus par analogie, comme si les peuples asiatiques, incapables d'accéder à un régime *politique,* devaient en rester éternellement à des rapports domestiques. Alors leur seul destin, conforme en cela à leur finalité naturelle, est de se livrer au maître grec, au service de qui ils trouveront leur intérêt, même si ce n'est qu'«accidentellement».

On aura reconnu, dans cette Asie d'Aristote, celle que réinventera l'Europe de l'âge classique et des débuts de la colonisation. Par quelles voies et pour quelles raisons, après des siècles d'oubli ou d'indifférence, en est-on venu à chercher, et à trouver, dans une Asie pourtant profondément différente de celle du IVe siècle avant J.-C., et autrement mieux connue, le visage que lui avait prêté, pour les besoins de sa cause, le philosophe grec ? Et d'abord, quel obscur chemin a suivi dans la langue l'*αρχη δεσποτικη* d'Aristote, pour resurgir, au XVIIe siècle, franci-

1. *Politique*, livre VII, 1327 b 24-33.

sée en *pouvoir despotique,* et devenir ce substantif *despotisme* que Montesquieu imposera à son siècle ?

Sur ce dernier point, on s'entendra à quelques remarques : le Moyen Age, qui avait d'abord utilisé l'équivalent latin du terme grec, a fini par latiniser le mot grec en *despoticus.* Mais lorsque Marsile de Padoue ou Guillaume d'Occam opposent le *principatus regalis* au *principatus despoticus,* ils pensent au pontife romain et non pas au despote oriental. Oresme, traduisant en français la *Politique* d'Aristote (1489), puis Jean Bodin, dans les *Six Livres de la République* (1576) proposent, comme équivalent de l'αρχη δεσποτικη aristotélicienne, le terme de « pouvoir seigneurial », opposant la monarchie royale à la monarchie seigneuriale. « La monarchie royale ou légitime, écrit J. Bodin, est celle où les sujets obéissent aux lois du monarque, et le monarque aux lois de la nature, demeurant la liberté naturelle et propriété des biens aux sujets. La monarchie seigneuriale est celle où le prince est fait seigneur des biens et des personnes par le droit des armes, et de bonne guerre, gouvernant ses sujets comme le père de famille ses esclaves [1]. » Mais il est une troisième forme de monarchie — la monarchie tyrannique — « où le monarque, méprisant les lois de nature, abuse des personnes libres comme d'esclaves, et des biens des sujets comme des siens ». L'αρχη δεσποτικη ou « monarchie seigneuriale » n'est donc pas, selon Bodin, la pire forme de monarchie illégitime. Le monarque y est encore « père de famille » : il veut, comme chez Aristote, le bien de ses esclaves, à la différence du tyran, qui n'a d'autre règle que sa volonté capricieuse et d'autre fin que son intérêt particulier.

De Bodin à Montesquieu, de la fin du XVIe siècle au milieu du XVIIIe, le « pouvoir despotique » va peu à peu se confondre avec ce que Bodin désigne comme « monarchie tyrannique » et devenir la forme de l'extrême corruption politique. Les places finiront même par être inversées : ainsi, chez Rousseau, le tyran garde encore un semblant de légitimité, et correspond à peu près au monarque seigneurial de Bodin, tandis que le despote prend la figure du monarque tyrannique [2].

Or, l'histoire du vocable et du concept qu'il recouvre est inséparable de celle de l'État qui, depuis le XVIe siècle, leur sert d'illustration : l'Empire ottoman. C'est au Grand Turc que sont renvoyés les lecteurs contemporains de Bodin, lorsqu'ils cherchent un exemple de monarchie seigneuriale. C'est encore à lui qu'on pense lorsque, au XVIIe siècle, on commence à parler, francisant carrément le terme grec, de « pouvoir despotique ». Et c'est lui enfin — comme représentatif par excellence des régimes d'Asie — que Montesquieu visera en introdui-

1. *Les Six Livres de la République,* livre II, chap. II, p. 200. Cité par R. Derathé, in « Bodin et Montesquieu » (*Theory and Politic, Festschrift zum 70. Geburstag für C. J. Friedrich,* Martin Nijhhoff, p. 68).

2. *Le Contrat social,* livre III, chap. X : « Le tyran est celui qui s'ingère contre les lois à gouverner selon les lois ; le despote est celui qui se met au-dessus des lois mêmes. »

sant, dans l'*Esprit des Lois,* le substantif « despotisme » pour désigner une forme spécifique de gouvernement.

Alain Grosrichard, *Structure du sérail,* 1979, Seuil, pp. 8-11 et 23-25.

18. Du despotisme

USBEK A RHEDI, *à Venise*

Depuis que je suis en Europe, mon cher Rhedi, j'ai vu bien des gouvernements : ce n'est pas comme en Asie, où les règles de la politique se trouvent partout les mêmes.

J'ai souvent recherché quel étoit le gouvernement le plus conforme à la raison. Il m'a semblé que le plus parfait est celui qui va à son but à moins de frais ; de sort que celui qui conduit les hommes de la manière qui convient le plus à leur penchant et à leur inclination est le plus parfait.

Si, dans un gouvernement doux, le Peuple est aussi soumis que dans un gouvernement sévère, le premier est préférable, puisqu'il est plus conforme à la raison, et que la sévérité est un motif étranger.

Compte, mon cher Rhedi, que dans un état les peines plus ou moins cruelles ne font pas que l'on obéisse plus aux lois. Dans les pays où les châtiments sont modérés, on les craint comme dans ceux où ils sont tyranniques et affreux.

Soit que le gouvernement soit doux, soit qu'il soit cruel, on punit toujours par degrés : on inflige un châtiment plus ou moins grand à un crime plus ou moins grand. L'imagination se plie d'elle-même aux mœurs du pays où l'on est : huit jours de prison ou une légère amende frappent autant l'esprit d'un Européen, nourri dans un pays de douceur, que la perte d'un bras intimide un Asiatique. Ils attachent un certain degré de crainte à un certain degré de peine, et chacun la partage à sa façon : le désespoir de l'infamie vient désoler un François condamnés à une peine qui n'ôteroit pas un quart d'heure de sommeil à un Turc.

D'ailleurs je ne vois pas que la police, la justice et l'équité soient mieux observées en Turquie, en Perse, chez le Mogol, que dans les républiques de Hollande, de Venise, et dans l'Angleterre même ; je ne vois pas qu'on y commette moins de crimes, et que les hommes, intimidés par la grandeur des châtiments, y soient plus soumis aux lois.

Je remarque, au contraire, une source d'injustice et de vexations au milieu de ces mêmes états.

Je trouve même le Prince, qui est la Loi même, moins maître que partout ailleurs.

Je vois que, dans ces moments rigoureux, il y a toujours des mouvements tumultueux, où personne n'est le Chef, et que, quand une fois l'autorité violente est méprisée, il n'en reste plus assez à personne pour la faire revenir ;

Que le désespoir même de l'impunité confirme le désordre et le rend plus grand ;

Que, dans ces états, il ne se forme point de petite révolte, et qu'il n'y a jamais d'intervalle entre le murmure et la sédition ;

Qu'il ne faut point que les grands événements y soient préparés par de grandes causes ; au contraire, le moindre accident produit une grande révolution, souvent aussi peu prévue de ceux qui la font, que de ceux qui la souffrent.

Lorsque Osman, empereur des Turcs, fut déposé, aucun de ceux qui commirent cet attentat ne songeoit à le commettre : ils demandoient seulement en suppliants qu'on leur fit justice sur quelque grief ; une voix, qu'on n'a jamais connue, sortit de la foule par hasard, le nom de Mustapha fut prononcé, et soudain Mustapha fut empereur.

De Paris, le 2 de la lune de Rebiab I, 1715.

Montesquieu, *ibid.* Lettre LXXX, coll. La Pléiade, t. 1, pp. 252-253.

19. De l'obéissance

USBEK AU MÊME

Tous les peuples d'Europe ne sont pas également soumis à leurs princes ; par exemple, l'humeur impatiente des Anglois ne laisse guère à leur roi le temps d'appesantir son autorité ; la soumission et l'obéissance sont les vertus dont ils se piquent le moins. Ils disent là-dessus des choses bien extraordinaires. Selon eux, il n'y a qu'un lien qui puisse attacher les hommes, qui est celui de la gratitude : un mari, une femme, un père et un fils ne sont liés entre eux que par l'amour qu'ils se portent, ou par les bienfaits qu'ils se procurent ; et ces motifs divers de reconnoissance sont l'origine de tous les royaumes et de toutes les sociétés.

Mais si un prince, bien loin de faire vivre ses sujets heureux, veut les accabler et les détruire, le fondement de l'obéissance cesse : rien ne les lie, rien ne les attache à lui ; et ils rentrent dans leur liberté naturelle. Ils soutiennent que tout pouvoir sans bornes ne sauroit être légitime, parce qu'il n'a jamais pu avoir d'origine légitime. Car nous ne pouvons pas, disent-ils, donner à un autre plus de pouvoir sur nous que nous n'en avons nous-mêmes. Or nous n'avons pas sur nous-mêmes un pouvoir sans bornes : par exemple, nous ne pouvons pas nous ôter la vie. Personne n'a donc, concluent-ils, sur la Terre un tel pouvoir.

Le crime de lèse-majesté n'est autre chose, selon eux, que le crime que le plus foible commet contre le plus fort en lui désobéissant, de quelque manière qu'il lui désobéisse. Aussi le peuple d'Angleterre, qui se trouva le plus fort contre un de leurs rois, déclara-t-il que c'étoit un crime de lèse-majesté à un prince de faire la guerre à ses sujets. Ils ont donc grande raison quand ils disent que le précepte de leur Alcoran qui ordonne de se soumettre aux Puissances n'est pas bien difficile à suivre, puisqu'il leur est impossible de ne le pas observer ; d'autant que ce n'est pas au plus vertueux qu'on les oblige de se soumettre, mais à celui qui est le plus fort.

Les Anglois, disent qu'un de leurs rois, ayant vaincu et fait prisonnier un prince qui lui disputoit la couronne, voulut lui reprocher son infidélité et sa perfidie : « Il n'y a qu'un moment, dit le prince infortuné, qu'il vient d'être décidé lequel de nous deux est le traître. »

Un usurpateur déclare rebelles tous ceux qui n'ont point opprimé la Patrie comme lui, et, croyant qu'il n'y a pas de lois là où il ne voit point de juges, il fait révérer comme des arrêts du Ciel les caprices du hasard et de la fortune.

A Paris, le 20 de la lune de Rebiab 2, 1717.

Montesquieu, *ibid.,* Lettre CIV, coll. La Pléiade, t. 1 pp. 284-285.

D. La politique et ses fins

20. Le problème le plus difficile pour l'espèce humaine : réaliser une société civile parfaite

CINQUIÈME PROPOSITION

Le problème essentiel pour l'espèce humaine, celui que la nature contraint l'homme à résoudre, c'est la réalisation d'une Société civile *administrant le droit de façon universelle.* — Ce n'est que dans la société, et plus précisément dans celle où l'on trouve le maximum de liberté, par là même un antagonisme général entre les membres qui la composent, et où pourtant l'on rencontre aussi le maximum de détermination et de garantie pour les limites de cette liberté, afin qu'elle soit compatible avec celle d'autrui ; ce n'est que dans une telle société, disons-nous, que la nature peut réaliser son dessein suprême, c'est-à-dire le plein épanouissement de toutes ses dispositions dans le cadre de l'humanité. Mais la nature exige aussi que l'humanité soit obligée de réaliser par ses propres ressources ce dessein, de même que toutes les autres fins de sa destination. Par conséquent une société dans laquelle *la liberté soumise à des lois extérieures* se trouvera liée au plus haut degré possible à une puissance irrésistible, c'est-à-dire une organisation civile d'une équité parfaite, doit être pour l'espèce humaine la tâche suprême de la nature. Car la nature, en ce qui concerne notre espèce, ne peut atteindre ses autres desseins qu'après avoir résolu et réalisé cette tâche. C'est la détresse qui force l'homme, d'ordinaire si épris d'une liberté sans bornes, à entrer dans un tel état de contrainte, et, à vrai dire, c'est la pire des détresses : à savoir, celle que les hommes s'infligent les uns aux autres, leurs inclinations ne leur permettant pas de subsister longtemps les uns à côté des autres dans l'état de liberté sans frein. Mais alors, dans l'enclos que représente une association civile, ces mêmes inclinations produisent précisément par la suite le meilleur effet. Ainsi dans une forêt, les arbres, du fait même que chacun essaie de ravir à l'autre l'air et le soleil, s'efforcent à l'envi de se dépasser les uns les autres, et par suite, ils poussent beaux et droits. Mais au contraire, ceux qui lancent en liberté leurs branches à leur gré, à l'écart d'autres arbres, poussent rabougris, tordus et courbés. Toute culture, tout art formant une parure à l'humanité, ainsi que l'ordre social le plus beau, sont les fruits de l'insociabilité, qui est forcée par elle-même de se discipliner, et d'épanouir de ce fait complètement, en s'imposant un tel sacrifice, les germes de la nature.

SIXIÈME PROPOSITION

Ce problème est le plus difficile ; c'est aussi celui qui sera résolu en dernier par l'espèce humaine. — La difficulté qui saute aux yeux dès que l'on conçoit la simple idée de cette tâche, la voici : l'homme est un *animal* qui, du moment où il vit parmi d'autres individus de son espèce, a *besoin d'un maître.* Car il abuse à coup sûr de sa liberté à l'égard de ses semblables ; et, quoique, en tant que créature raisonnable, il souhaite une loi qui limite la liberté de tous, son penchant animal à l'égoïsme l'incite toutefois à se réserver dans toute la mesure du possible un régime d'exception pour lui-même. Il lui faut donc un *maître* qui batte en brèche sa volonté particulière et le force à obéir à une volonté universellement valable, grâce à laquelle chacun puisse être libre. Mais où va-t-il trouver ce maître ? Nulle part ailleurs que dans l'espèce humaine. Or ce maître, à son tour, est tout comme lui un animal qui a besoin d'un maître. De quelque façon qu'il s'y prenne, on ne conçoit vraiment pas comment il pourrait se procurer pour établir la justice publique un chef juste par lui-même : soit qu'il choisisse à cet effet une personne unique, soit qu'il s'adresse à une élite de personnes triées au sein d'une société. Car chacune d'elles abusera toujours de la liberté si elle n'a personne au-dessus d'elle pour imposer vis-à-vis d'elle-même l'autorité des lois. Or le chef suprême doit être juste *pour lui-même,* et cependant être un *homme.* Cette tâche est par conséquent la plus difficile à remplir de toutes ; à vrai dire sa solution parfaite est impossible ; le bois dont l'homme est fait est si noueux qu'on ne peut y tailler des poutres bien droites. La nature nous oblige à ne pas chercher autre chose qu'à nous approcher de cette idée[1]. Réaliser cette approximation, c'est aussi le travail auquel nous nous attelons le plus tardivement : ceci résulte du fait que, pour y parvenir, ce qui est exigé, ce sont des *concepts exacts* touchant la nature d'une constitution possible, c'est une grande expérience, riche bdu profit de maints voyages à travers le monde, et par-dessus tout, c'est une *bonne volonté,* disposée à accepter cette constitution. Trois conditions qui ne peuvent être réunies que difficilement et, quand cela se produit, ne peuvent l'être que très tardivement, après de multiples et vaines tentatives.

---

1. Le rôle de l'homme est par conséquent tout à fait artificiel. Ce qu'il en est des habitants des autres planètes et de leur nature, nous l'ignorons. Mais si nous menons à bien cette mission de la nature, nous pouvons certes nous flatter d'avoir droit à une place de choix parmi nos voisins dans l'édifice du monde. Peut-être chez ces autres chaque individu peut-il remplir pleinement sa destinée au cours de sa vie : pour nous, l'affaire se présente tout autrement ; il n'y a que l'espèce qui puisse nourrir cette espérance.

SEPTIÈME PROPOSITION

Le problème de l'établissement d'une constitution civile parfaite est lié au problème de l'établissement de relations régulières entre les États, et ne peut pas être résolu indépendamment de ce dernier. — A quoi bon travailler à une constitution civile régulière, c'est-à-dire à l'établissement d'une communauté entre individus isolés ? La même insociabilité qui contraignait les hommes à s'unir est à son tour la cause d'où il résulte que chaque communauté dans les relations extérieures, c'est-à-dire dans ses rapports avec les autres États, jouit d'une liberté sans contrainte ; par suite chaque État doit s'attendre à subir de la part des autres exactement les mêmes maux qui pesaient sur les hommes et les contraignaient à entrer dans un état civil régi par des lois. La nature a donc utilisé une fois de plus l'incompatibilité des hommes et même l'incompatibilité entre grandes sociétés et corps politiques auxquels se prête cette sorte de créatures, comme un moyen pour forger au sein de leur inévitable antagonisme un état de calme et de sécurité. Ainsi, par le moyen des guerres, des préparatifs excessifs et incessants en vue des guerres et de la misère qui s'ensuit intérieurement pour chaque État, même en temps de paix, la nature, dans des tentatives d'abord imparfaites, puis finalement, après bien des ruines, bien des naufrages, après même un épuisement intérieur radical de leurs forces, pousse les États à faire ce que la raison aurait aussi bien pu leur apprendre sans qu'il leur en coûtât d'aussi tristes épreuves, c'est-à-dire à sortir de l'état anarchique de sauvagerie, pour entrer dans une Société des Nations. Là, chacun, y compris le plus petit État, pourrait attendre la garantie de sa sécurité et ses droits non pas de sa propre puissance ou de sa propre appréciation de son droit, mais uniquement ce cette grande *Société des Nations* (Fœdus Amphyctionum), c'est-à-dire d'une force unie et d'une décision prise en vertu des lois fondées sur l'accord des volontés. Si romanesque que puisse paraître cette idée, et bien qu'elle ait été rendue ridicule chez un Abbé de Saint-Pierre ou un Rousseau (peut-être parce qu'ils en croyaient la réalisation toute proche), telle est pourtant bien l'issue inévitable de la misère où les hommes se plongent les uns les autres, et qui doit forcer les États à adopter la résolution (même si ce pas leur coûte beaucoup) que l'homme sauvage avait acceptée jadis tout aussi à contre-cœur : résolution de renoncer à la liberté brutale pour chercher repos et sécurité dans une constitution conforme à des lois. Toutes les guerres sont de ce fait autant de tentatives (non pas bien entendu dans l'intention des hommes, mais dans celle de la nature) pour réaliser de nouvelles relations entre les États, et, par leur destruction, ou du moins par leur démembrement général, pour former de nouveaux corps ; ceux-ci à leur tour, soit dans leurs rapports internes, soit dans leurs relations mutuelles, ne peuvent se maintenir, et par conséquent doivent subir d'autres révolutions analogues. Un jour enfin, en partie par l'établissement le plus adéquat de la constitution civile sur le plan intérieur, en partie sur le plan extérieur par une convention et une législation communes, un état de choses s'établira qui, telle une communauté civile universelle, pourra se maintenir par lui-même comme un automate.

Emmanuel Kant, *Idée d'une histoire universelle au point de vue cosmopolitique,* 1784. Traduction S. Piobetta, in *La Philosophie de l'histoire,* Aubier, 1947, pp.66-70.

21. Nature et principes de la démocratie française

Chapitre IV

DE LA NATURE DE LA DÉMOCRATIE FRANÇAISE

Les communes de France avaient à prendre leur route entre deux écueils ; ou il fallait que la diversité des ordres mit la puissance législative dans la représentation de ces ordres ; si les deux premiers avaient dominé, le gouvernement eût été despotique ; si le dernier eût pris le dessus, le gouvernement aurait été populaire ; ou il fallait que tous les ordres confondus n'en formassent qu'un seul, ou plutôt n'en finissent point du tout, que le peuple fût son propre intermédiaire, alors il était libre et souverain.

Les ordres étaient plus propres à la tyrannie qu'une représentation nationale ; dans l'une le maître est le principe de l'honneur politique, dans l'autre le peuple est le principe de la vertu ; mais alors le législateur a besoin de tout son génie pour organiser la représentation de sorte qu'elle dérive, non point de la constitution, mais de son principe, sans quoi l'on ferait une aristocratie de tyrans.

Le principe était la liberté, la souveraineté ; c'est pourquoi on n'a point mis de degré immédiat entre les assemblées primaires et la législature, et au lieu de régler la représentation par les corps judiciaires ou administratifs, on l'a réglée par l'étendue de l'État, le nombre des sujets, leur richesse, ou par *le territoire, la population, les tributs.*

Qu'on fasse réflexion sur le principe des anciennes assemblées de bailliage. Quelle peine il faut pour imaginer que l'honneur politique pût produire la vertu ! Les États devaient être la cour du *Mogol* et la vertu aussi froide que son principe. Aussi lorsqu'on vit les représentants fouler aux pieds l'honneur politique, et les premières séances des États se montrer si orageuses, la vertu était bien près de devenir populaire, et secouait déjà la tyrannie sur ses fondements, jusqu'au moment où, frappée de ses propres mains, elle s'est écroulée.

Chapitre V

DES PRINCIPES DE LA DÉMOCRATIE FRANÇAISE

Les démocraties anciennes n'avaient pas de lois positives ; ce fut ce qui les éleva d'abord au comble de la gloire qui s'acquiert par les armes ; mais ce fut ce qui brouilla tout enfin ; quand le peuple était assemblé, le gouvernement n'avait plus de forme absolue, tout se mouvait au gré des harangueurs; la confusion était la liberté; tantôt le plus habile, tantôt le plus fort l'emportait. Ce fut ainsi que le peuple de Rome dépouilla le sénat, et que les tyrans dépouillèrent le peuple d'Athènes et de Syracuse.

Le principe de la démocratie française est l'acceptation des lois, et le droit de suffrage; le mode de l'acceptation est le serment; la perte des droits de citoyen attachée au refus de le prêter, n'est point une peine, elle n'est que l'esprit du refus. Ce serment n'est qu'une pure acceptation des lois. On ne peut exiger d'elles le caractère qu'on leur refuse, qu'on leur ôte à elles-mêmes. On a dit que l'acceptation du roi ne valait rien, et qu'un jour le peuple demanderait compte des droits de l'homme et de la liberté. Mais, qu'est-ce donc que le serment que le peuple a prêté ? Sans doute une telle acceptation est plus sainte, plus libre, et plus certaine que l'acclamation des assemblées : l'acceptation dépend du roi, lui seul il est le souverain, nous sommes encore ses esclaves.

Je parlerai ailleurs de la sanction du monarque, et je démontrerai que dans un État libre, il ne peut exercer de volonté absolue, ni par conséquent éprouver de contraire.

Si le peuple refusait le serment, il faudrait supprimer la loi, car de même que le refus de serment de la moindre partie du peuple entraîne la suspension de l'activité, de même le refus de la plus grande partie du peuple entraîne l'abrogation de la loi.

Les suffrages en France sont secrets, leur publicité eût perdu la constitution; le secret à Rome étouffa la vertu, parce que la liberté déclinait; il eut en France un bon effet, la liberté ne faisait que de naître. Le peuple était esclave des riches, on avait l'habitude d'être flatteur et vil; le grand nombre des créanciers intimidait; les assemblées étaient trop peu nombreuses, les engagements trop connus trop multipliés. La publicité des suffrages eût fait un peuple d'ennemis ou d'esclaves.

On promit à beaucoup de fripons; peu eurent les voix; il y en eut pourtant. La voie du sort eût étouffé l'émulation; elle convenait peut-être aux offices municipaux, mais elle eût terni l'honneur politique qui les faisait respecter; elle ne convenait point aux magistratures judiciaires, parce qu'il importe que les juges soient habiles. La voie du sort n'est bonne que dans la république, là où règnerait la liberté individuelle.

Comme le principe des suffrages est la souveraineté, toute loi qui pourrait l'altérer est tyrannie. Le droit que s'arrogent les administrations de transférer les assemblées hors de leur territoire est tyrannie. Le pouvoir que s'attribuent les administrations d'envoyer aux assemblées du peuple des commissaires ou d'y prendre un rang, est tyrannie; ils font taire la liberté qui en est la vie, en y rappelant la décence et le calme qui en sont la mort. Un commissaire est un sujet dans les assemblées du peuple; s'il y parle, il doit être puni; le glaive frappait à Athènes les étrangers qui se mêlaient dans les comices; ils violaient le droit de souveraineté.

Tout ce qui porte atteinte à une constitution libre est un crime affreux, la moindre tache gagne tout le corps. Il n'est rien de plus doux pour l'oreille de la liberté que le tumulte et les cris d'une assemblée du peuple ; là s'éveillent les grandes âmes ; là se démasquent les indignités ; là le mérite éclate dans toute sa force ; là tout ce qui est faux fait place à la vérité.

Le silence des comices est la langueur de l'esprit public ; le peuple est corrompu ou peu jaloux de sa gloire.

Il y avait à Athènes un tribunal qui exerçait la censure sur les élections ; cette censure est en France exercée par les administrations ; mais il ne faut pas confondre la liberté avec la qualité des élus, l'un est du ressort de la liberté, l'autre est du ressort de sa gloire, l'un est la souveraineté, l'autre est la loi.

Elle proscrit l'étranger qui ne peut aimer une patrie où il n'a point d'intérêts, l'infâme qui a déshonoré la cendre de son père en renonçant au droit de lui succéder, le débiteur insolvable qui n'a plus de patrie, l'homme qui n'a point vingt-cinq ans dont l'âme n'est point sevrée ; celui qui ne paye point le tribut relatif à l'activité, parce qu'il vit en citoyen du monde.

La censure des élections est bornée à l'examen de ces qualités ; elle s'exerce sur celui qui est élu, non point sur celui qui élit ; le choix n'est point violé par le censeur, il est examiné par la loi.

Saint-Just, *L'Esprit de la Révolution,* 1791, U.G.E., coll. « 10-18 », 1963, pp.34-38.

22. Le double problème du législateur : faire respecter la puissance du gouvernement d'une part ; d'autre part, défendre la liberté publique et individuelle contre le gouvernement lui-même

Donner au gouvernement la force nécessaire pour que les citoyens respectent toujours les droits des citoyens, et faire en sorte que le gouvernement ne puisse jamais les violer lui-même : voilà, à mon avis, le double problème que le législateur doit chercher à résoudre. Le premier me paraît très facile. Quant au second, on serait tenté de le regarder comme insoluble, si on ne consultait que les événements passés et présents, sans remonter à leurs causes.

Parcourez l'histoire, vous verrez partout les magistrats opprimer les citoyens, et le gouvernement dévorer la souveraineté. Les tyrans parlent de sédition ; le peuple se plaint de la tyrannie, quand le peuple ose se plaindre de ce qui arrive, lorsque l'excès de l'oppression lui rend son énergie et son indépendance. Plût à Dieu qu'il pût les conserver toujours ! Mais le règne du peuple est d'un jour ; celui des tyrans embrasse la durée des siècles.

J'ai beaucoup entendu parler d'anarchie depuis la révolution du 14 juillet 1789, et surtout depuis la révolution du 10 août 1792 ; mais j'affirme que ce n'est point l'anarchie qui est la maladie des corps politiques : mais le despotisme et l'aristocratie. Je trouve, quoi qu'ils en aient dit, que ce n'est qu'à compter de cette époque tant calomniée que nous avons eu un commencement de lois et de gouvernement, malgré les troubles qui ne sont autre chose que les dernières convulsions de la royauté expirante, et la lutte d'un gouvernement infidèle contre l'égalité.

L'anarchie a régné en France depuis Clovis jusqu'au dernier des Capets. Qu'est-ce que l'anarchie, si ce n'est la tyrannie qui faisait descendre du trône la nature et la loi, pour y placer des hommes !

Jamais les maux de la société ne viennent du peuple, mais du gouvernement. Comment n'en serait-il pas ainsi ? L'intérêt du peuple, c'est le bien public ; l'intérêt de l'homme en place, est un intérêt privé. Pour être bon, le peuple n'a besoin que de se préférer lui-même à ce qui n'est pas lui ; pour être bon, il faut que le magistrat s'immole lui-même au peuple.

Si je daignais répondre à des préjugés absurdes et barbares, j'observerais que ce sont le pouvoir et l'opulence qui enfantent l'orgueil et tous les vices ; que c'est le travail, la médiocrité, la pauvreté qui est la gardienne de la vertu ; que les vœux du faible n'ont pour objet que la justice et la protection des lois bienfaisantes ; qu'il n'estime que les passions de l'honnêteté ; que les passions de l'homme puissant tendent à s'élever au-dessus des lois justes, ou à en créer de tyranniques ; je dirais enfin que la misère des citoyens n'est autre chose que le crime des gouvernements. Mais j'établis la base de mon système par un seul raisonnement.

Le gouvernement est institué pour faire respecter la volonté générale ; mais les hommes qui gouvernent ont une volonté individuelle, et toute volonté cherche à dominer. S'ils emploient à cet usage la force publique dont ils sont armés, le gouvernement n'est que le fléau de la liberté. Concluez donc que le premier objet de toute Constitution doit être de défendre la liberté publique et individuelle contre le gouvernement lui-même.

C'est précisément cet objet que les législateurs ont oublié ; ils se sont tous occupés de la puissance du gouvernement ; aucun n'a songé aux moyens de le ramener à son institution. Ils ont pris des précautions infinies contre l'insurrection du peuple, et ils ont encouragé de tout leur pouvoir la révolte de ses délégués. J'en ai déjà indiqué les raisons. L'ambition, la force et la perfidie ont été les législateurs du monde. Ils ont asservi jusqu'à la raison humaine, en la dépravant, et l'ont rendue complice de la misère de l'homme. Le despotisme a produit la corruption des mœurs, et la corruption des mœurs a soutenu le despotisme. Dans cet état de choses, c'est à qui vendra son âme au plus fort pour légitimer l'injustice et diviser la tyrannie. Alors la raison n'est plus que folie : l'égalité, anarchie ; la liberté, désordre ; la nature, chimère ; le souvenir des droits de l'humanité, révolte. Alors on a des bastilles et des échaffauds pour la vertu, des palais pour la débauche, des tyrans et des chars de triomphe pour le crime. Alors on a des rois, des prêtres, des nobles, des bourgeois, de la canaille : mais, point de peuple et point d'hommes.

Robespierre, « Sur la Constitution », *Discours et rapports à la Convention,* 10 mai 1793, U.G.E. coll « 10-18 », 1965, pp. 132-135.

23. Vertu et terreur

Si la terreur est le ressort du gouvernement despotique, le gouvernement révolutionnaire peut-il être un « despotisme de la liberté » contre la tyrannie ?

Si le ressort du gouvernement populaire dans la paix est la vertu, le ressort du gouvernement populaire en révolution est à la fois *la vertu et la terreur :* la vertu, sans laquelle la terreur est funeste ; la terreur, sans laquelle la vertu est impuissante. La terreur n'est autre chose que la justice prompte, sévère, inflexible ; elle est donc une émanation de la vertu ; elle est moins un principe particulier, qu'une conséquence du principe général de la démocratie, appliquée aux plus pressants besoins de la patrie.

On a dit que la terreur était le ressort du gouvernement despotique. Le vôtre ressemble-t-il donc au despotisme ? Oui, comme le glaive qui brille dans les mains des héros de la liberté, ressemble à celui dont les satellites de la tyrannie sont armés. Que le despote gouverne par la terreur ses sujets abrutis ; il a raison, comme despote : domptez par la terreur les ennemis de la liberté ; et vous aurez raison, comme fondateurs de la République. Le gouvernement de la Révolution est le despotisme de la liberté contre la tyrannie. La force n'est-elle faite que pour protéger le crime ? et n'est-ce pas pour frapper les têtes orgueilleuses que la foudre est destinée ?

La nature impose à tout être physique et moral la loi de pourvoir à sa conservation ; le crime égorge l'innocence pour régner, et l'innocence se débat de toutes ses forces dans les mains du crime. Que la tyrannie règne un seul jour, le lendemain il ne restera plus un patriote. Jusqu'à quand la fureur des despotes sera-t-elle appelée justice, et la justice du peuple, barbarie ou rébellion ? Comme on est tendre pour les oppresseurs, et inexorable pour les opprimés ! Rien de plus naturel : quiconque ne hait point le crime, ne peut aimer la vertu.

Robespierre, « Sur les principes de morale politique qui doivent guider la Convention nationale dans l'administration intérieure de la République », *ibid.,* 5 février 1794, pp. 221-222.

24. Mérite et pouvoir

Les institutions démocratiques ne développent pas nécessairement la capacité à choisir des hommes de mérite pour exercer le pouvoir. Les instincts naturels de la démocratie portent le peuple à écarter les classes élevées tandis que les hommes de mérite eux-mêmes répugnent à se compromettre dans la carrière politique.

Bien des gens, en Europe, croient sans le dire, ou disent sans le croire, qu'un des grands avantages du vote universel est d'appeler à la direction des affaires des hommes dignes de la confiance publique. Le peuple ne saurait gouverner lui-même, dit-on, mais il veut toujours sincèrement le bien de l'État, et son instinct ne manque guère de lui désigner ceux qu'un même désir anime et qui sont les plus capables de tenir en main le pouvoir.

Pour moi, je dois le dire, ce que j'ai vu en Amérique ne m'autorise point à penser qu'il en soit ainsi. A mon arrivée aux États-Unis, je fus frappé de surprise en découvrant à quel point le mérite était commun parmi les gouvernés, et combien il était peu chez les gouvernants. C'est un fait constant que, de nos jours, aux États-Unis, les hommes les plus remarquables sont rarement appelés aux fonctions publiques, et l'on est obligé de reconnaître qu'il en a été ainsi à mesure que la démocratie a dépassé toutes ses anciennes limites. Il est évident que la race des hommes d'État américains s'est singulièrement rapetissée depuis un demi-siècle.

On peut indiquer plusieurs causes de ce phénomène.

Il est impossible, quoi qu'on fasse, d'élever les lumières du peuple au-dessus d'un certain niveau. On aura beau faciliter les abords des connaissances humaines, améliorer les méthodes d'enseignement et mettre la science à bon marché, on ne fera jamais que les hommes s'instruisent et développent leur intelligence sans y consacrer du temps.

Le plus ou moins de facilité que rencontre le peuple à vivre sans travailler forme donc la limite nécessaire de ses progrès intellectuels. Cette limite est placée plus loin dans certains pays, moins loin dans certains autres; mais pour qu'elle n'existât point, il faudrait que le peuple n'eût point à s'occuper des soins matériels de la vie, c'est-à-dire qu'il ne fût plus le peuple. Il est donc aussi difficile de concevoir une société où tous les hommes soient très éclairés, qu'un État où tous les citoyens soient riches; ce sont là deux difficultés corrélatives. J'admettrai sans peine que la masse des citoyens veut très sincèrement le bien du pays; je vais même plus loin, et je dis que les classes inférieures de la société me semblent mêler, en général, à ce désir moins de combinaisons d'intérêt personnel que les classes éléves; mais ce qui leur manque toujours, plus ou moins, c'est l'art de juger des moyens tout en voulant sincèrement la fin. Quelle longue étude, que de notions diverses sont nécessaires pour se faire une idée exacte du caractère d'un seul homme! Les plus grands génies s'y égarent, et la multitude y réussirait! Le peuple ne trouve jamais le temps et les moyens de se livrer à ce travail. Il lui faut toujours juger à la hâte et s'attacher au plus saillant des objets. De là vient que les charlatans de tous genres savent si bien le secret de lui plaire, tandis que, le plus souvent, ses véritables amis y échouent.

Du reste, ce n'est pas toujours la capacité qui manque à la démocratie pour choisir les hommes de mérite, mais le désir et le goût.

Il ne faut pas se dissimuler que les institutions démocratiques développent à un très haut degré le sentiment de l'envie dans le cœur humain. Ce n'est point tant parce qu'elles offrent à chacun des moyens de s'égaler aux autres, mais parce que ces moyens détaillent sans cesse à ceux qui les emploient. Les institutions démocratiques réveillent et flattent la passion de l'égalité sans pouvoir jamais la satisfaire entièrement. Cette égalité complète s'échappe tous les jours des mains du peuple au moment où il croit la saisir, et fuit, comme dit Pascal, d'une fuite éternelle; le peuple s'échauffe à la recherche de ce bien d'autant plus précieux qu'il est assez près pour être connu, assez loin pour n'être point goûté. La chance de réussir l'émeut, l'incertitude du succès l'irrite; il s'agite, il se lasse, il s'aigrit. Tout ce qui le dépasse par quelque endroit lui paraît alors un obstacle à ses désirs, et il n'y a pas de supériorité si légitime dont la vue ne fatigue ses yeux.

Beaucoup de gens s'imaginent que cet instinct secret qui porte chez nous les classes inférieures à écarter autant qu'elles le peuvent les supérieures de la direction des affaires ne se découvre qu'en France; c'est une erreur : l'instinct dont je parle n'est point français, il est démocratique; les circonstances politiques ont pu lui donner un caractère particulier d'amertume, mais elles ne l'ont pas fait naître.

Aux Etats-Unis, le peuple n'a point de haine pour les classes élevées de la société; mais il se sent peu de bienveillance pour elles et les tient avec soin en dehors du pouvoir; il ne craint pas les grands talents, mais il les goûte peu. En général, on remarque que tout ce qui s'élève sans son appui obtient difficilement sa faveur.

Tandis que les instincts naturels de la démocratie portent le peuple à écarter les hommes distingués du pouvoir, un instinct non moins fort porte ceux-ci à s'éloigner de la carrière politique, où il leur est si difficile de rester complètement eux-mêmes et de marcher sans s'avilir. C'est cette pensée qui est fort naïvement exprimée par le chancelier Kent. L'auteur célèbre dont je parle, après avoir donné de grands éloges à cette portion de la constitution qui accorde au pouvoir exécutif la nomination des juges, ajoute : « Il est probable, en effet, que les hommes les plus propres à remplir ces places auraient trop de réserve dans les manières, et trop de sévérité dans les principes, pour pouvoir jamais réunir la majorité des suffrages à une élection qui reposerait sur le vote universel. » *(Kent's Commentaries,* v. I, p. 272.) Voilà ce qu'on imprimait sans contradiction en Amérique dans l'année 1830.

Il m'est démontré que ceux qui regardent le vote universel comme une garantie de la bonté des choix se font une illusion complète. Le vote universel a d'autres avantages, mais non celui-là.

Alexis de Tocqueville, *De la démocratie en Amérique,* première partie, 1835.
Garnier-Flammarion, 1981, pp. 119-122.

25. La modération politique

Cette modération était, aux yeux de Montesquieu une valeur, une vertu essentielles. Partie intégrante de son idée de liberté politique, elle constituait une de ses préoccupations majeures. A quel point, cette phrase du chapitre Ier du livre XIX le révèle suffisamment : « *Je le dis, et il me semble que je n'ai fait cet ouvrage que pour le prouver, l'esprit de modération doit être celui du législateur.* » La désignation de ce législateur n'est-elle pas très évidemment le premier facteur d'où dépendent l'espoir d'obtenir une œuvre animée de cet esprit ?

Mais il est nécessaire de bien préciser ce que signifie cette modération politique selon Montesquieu. Comme toujours, elle est le contraire de l'excès, de l'abus : il l'a dit en somme, elle consiste en ceci qu'il ne soit pas abusé du pouvoir. Oui, mais précisément ici faut-il éviter les méprises qui menacent. Tout le monde répète les fameuses propositions : pour que la liberté politique existe, il faut que « l'on n'abuse pas du pouvoir. Pour que l'on ne puisse abuser du pouvoir, il faut que par la disposition des choses, le pouvoir arrête le pouvoir ». Mais, de par leur tournure d'esprit professionnelle même, bien des juristes donnent à cette notion un sens et un caractère proprement juridiques : « abuser du pouvoir », ils pensent et ils traduisent aussitôt : excéder son pouvoir, sortir de ses limites légales, faire ce que l'on n'est pas habilité à faire, c'est-à-dire violer la loi. Grave erreur d'interprétation ! Ce n'est pas là du tout l'idée de Montesquieu. L'abus du pouvoir qu'il a en vue et veut prévenir n'est nullement synonyme d'abus de pouvoir, ou d'excès de pouvoir ; ce n'est pas un abus juridique, au regard du bon gouvernement. Abuser du pouvoir, selon son idée, consiste à l'exercer d'une façon par trop unilatérale, si l'on peut ainsi s'exprimer, c'est-à-dire afin de servir les intérêts ou de réaliser les idées seulement d'une fraction déterminée de la société. Ne pas en abuser, c'est donc en user pour une politique, pour des mesures qui tiennent compte de la multiplicité et de la diversité des intérêts et des conceptions qui se rencontrent dans la société. La modération, ainsi entendue, c'est la ligne moyenne, la résultante de la composition des forces, c'est le compromis, on pourrait presque dire, si l'expresion n'était si affreuse par sa banalité : c'est le gouvernement du juste milieu.

Et bien, à Montesquieu cette modération-là apparaît essentielle à la liberté politique ; cela ne suffit pas : elle en est l'élément primordial.

On dit souvent que, pour Montesquieu, la liberté politique s'identifiait au principe de légalité, au règne de la loi, qu'il tenait qu'elle existerait dès lors et par cela seul que le respect de la loi par les autorités exécutives serait garanti et assuré. C'est une idée à la fois fausse et insoutenable, bien que lui-même, il faut le reconnaître, se soit parfois laissé malencontreusement aller à l'écrire (quand il s'agit d'idées abstraites, de définitions surtout, il n'est pas toujours irréprochable, on ne peut le nier. L'esprit de rigueur n'est pas sa caractéristique essentielle). Il est impossible, en effet, qu'aucune conception de la liberté politique la réduise jamais à la seule « légalité de l'exécution », c'est-à-dire des décisions d'espèce. Celle qui le ferait ne serait pas seulement pauvre, mais même, ce qui est plus grave, insensée. Si l'on acceptait l'idée que les citoyens soient libres, pourvu seulement qu'ils soient pratiquement assurés du respect de la loi — comme règle ou comme limite —, il faudrait donc admettre que la plus pure autocratie, la dictature la plus parfaite pourraient être des régimes de liberté politique ; car rien n'empêche après tout de concevoir que le détenteur d'un pouvoir absolu s'astreigne à respecter et faire respecter les lois qu'il aura posées — et qu'il ne dépend que de lui de changer à chaque instant.

On peut donc affirmer *a priori* avec une entière certitude que la notion que Montesquieu se fait de la liberté politique comprend certainement un autre élément, un élément qui concerne, non plus l'exécution de la loi, mais la législation elle-même. C'est précisément l'idée de modération dans l'exercice du pouvoir suprême, dans la direction suprême de l'État. Et même, cet élément, de ce seul fait, prime certainement le premier élément, comme la législation prime l'exécution.

Le système de l'arrêt mutuel, donc de l'accord, du « concert » nécessaires correspond parfaitement à cette idée de modération : comment les trois organes pourraient-ils s'accorder, sinon sur des solutions acceptables pour tous trois, donc tenant un compte suffisant et égal des idées ou des intérêts de chacun d'eux ?

Ainsi donc, ce principe d'attribution conjointe et indivise du pouvoir souverain à trois organes, de la co-souveraineté de trois forces politiques répond parfaitement à l'idéologie politique de Montesquieu. Mais, au-delà de l'idéologie politique, il cadre admirablement avec son idéologie sociale : rappelons que Montesquieu part de l'hypothèse d'une société de classes, au sens juridique du terme ; qu'il accepte tout au moins cette division en ordres comme un fait sur la base duquel il établit sa Constitution (il n'en fait nullement mystère ; au contraire, il fait intervenir très ouvertement ces considérations d'inégalité sociale juridique, même sous leur aspect économique : que l'on relise seulement les paragraphes consacrés au règlement du pouvoir financier et à la question de la justice à l'égard des nobles, pour conclure à l'intervention ou aux prérogatives nécessaires de la Chambre aristocratique en ces domaines). D'autre part, il raisonne sur un régime monarchique, qu'il souhaite. Son appareil gouvernemental apparaît ainsi comme la projection sur le plan constitutionnel de son image de la société : trois forces sociales, donc trois forces politiques les incarnant — la correspondance est parfaite.

Il apparaît ainsi que toute la pensée constitutionnelle de Montesquieu présente une unité de ligne parfaite, qu'il existe une entière harmonie entre toutes ses parties : idées sociales, principes politiques, maximes constitutionnelles, règles concrètes, — la continuité, la progression, la conséquence sont sans défaut.

Charles Eisenmann, « La pensée constitutionnelle de Montesquieu », *Cahiers de philosophie politique de l'université de Reims,* 1985, pp. 59-61.

26. Ce ne sont pas les divisions qui perdirent Rome

Lorsque la domination de Rome était bornée dans l'Italie, la République pouvait facilement subsister. Tout soldat était également citoyen : chaque consul levait une armée, et d'autres citoyens allaient à la guerre sous celui qui succédait. Le nombre des troupes n'étant pas excessif, on avait attention à ne pas récevoir dans la milice que des gens qui eussent assez de bien pour avoir intérêt à la conservation de la Ville[1]. Enfin, le Sénat voyait de près la conduite des généraux et leur ôtait la pensée de rien faire contre leur devoir.

Mais, lorsque les légions passèrent les Alpes et la mer, les gens de guerre, qu'on était obligé de laisser pendant plusieurs campagnes dans les pays que l'on soumettait, perdirent peu à peu l'esprit des citoyens, et les généraux, qui disposèrent des armées et des royaumes, sentirent leur force et ne purent plus obéir.

Les soldats commencèrent donc à ne reconnaître que leur général, à fonder sur lui toutes leurs espérances, et à voir de plus loin la Ville. Ce ne furent plus les soldats de la République, mais de Sylla, de Marius, de Pompée, de César. Rome ne put plus savoir si celui qui était à la tête d'une armée, dans une province, était son général ou son ennemi.

Tandis que le peuple de Rome ne fut corrompu que par ses tribuns, à qui il ne pouvait accorder que sa puissance même, le Sénat put aisément se défendre parce qu'il agissait constamment, au lieu que la populace passait sans cesse de l'extrémité de la fougue à l'extrémité de la faiblesse. Mais, quand le Peuple put donner à ses favoris une formidable autorité au-dehors, toute la sagesse du Sénat devint inutile, et la République fut perdue.

Ce qui fait que les États libres durent moins que les autres, c'est que les malheurs et les succès qui leur arrivent leur font presque toujours perdre la liberté, au lieu que les succès et les malheurs d'un État où le Peuple est soumis confirment également sa servitude. Une république sage ne doit rien hasarder qui l'expose à la bonne ou à la mauvaise fortune : le seul bien auquel elle doit aspirer, c'est à la perpétuité de son État.

Si la grandeur de l'Empire perdit la République, la grandeur de la Ville ne la perdit pas moins.

Rome avait soumis tout l'Univers avec le secours des peuples d'Italie, aux-

1. Les affranchis et ceux qu'on appelait *capite censi*, parce qu'ayant très peu de bien ils n'étaient taxés que pour leur tête, ne furent point d'abord enrôlés dans la milice de terre, excepté dans les cas pressants. Servius Tullius les avait mis dans la sixième classe, et on ne prenait des soldats que dans les cinq premières. Mais Marius, partant contre Jugurtha, enrôla indifféremment tout le monde. *Milites scribere*, dit Salluste, *non more majorum neque classibus, sed uti cujusque libido erat, capite censosplerosque (De Bello Jugurth.)*. Remarquez que, dans la division par tribus, ceux qui étaient dans les quatre tribus de la Ville étaient à peu près les mêmes que ceux qui, dans la division par centuries, étaient dans la sixième classe.

quels elle avait donné en différents temps divers privilèges[1] la plupart de ces peuples ne s'étaient pas d'abord fort souciés du droit de bourgeoisie chez les Romains, et quelques-uns aimèrent mieux garder leurs usages[2]. Mais, lorsque ce droit fut celui de la souveraineté universelle, qu'on ne fut rien dans le Monde si l'on n'était citoyen romain, et qu'avec ce titre on était tout, les peuples d'Italie résolurent de périr ou d'être romains. Ne pouvant en venir à bout par leurs brigues et par leurs prières, ils prirent la voie des armes : ils se révoltèrent dans tout ce côté qui regarde la Mer Ionienne[3] ; les autres alliés allaient les suivre. Rome, obligée de combattre contre ceux qui étaient, pour ainsi dire, les mains avec lesquelles elle enchaînait l'Univers, était perdue ; elle allait être réduite à ses murailles : elle accorda ce droit tant désiré aux alliés qui n'avaient pas encore cessé d'être fidèles[4], et, peu à peu, elle l'accorda à tous.

Pour lors, Rome ne fut plus cette ville dont le peuple n'avait eu qu'un même esprit, un même amour pour la liberté, une même haine pour la tyrannie ; où cette jalousie du pouvoir du Sénat et des prérogatives des Grands, toujours mêlée de respect, n'était qu'un amour de l'égalité. Les peuples d'Italie étant devenus ses citoyens[5], chaque ville y apporta son génie, ses intérêts particuliers et sa dépendance de quelque grand protecteur. La Ville, déchirée, ne forma plus un tout ensemble, et, comme on n'en était citoyen que par une espèce de fiction, qu'on n'avait plus les mêmes magistrats, les mêmes murailles, les mêmes Dieux, les mêmes temples, les mêmes sépultures, on ne vit plus Rome des mêmes yeux, on n'eut plus le même amour pour la Patrie, et les sentiments romains ne furent plus.

Les ambitieux firent venir à Rome des villes et des nations entières pour troubler les suffrages ou se les faire donner ; les assemblées furent de véritables conjurations ; on appela *comices* une troupe de quelques séditieux ; l'autorité du Peuple, ses lois, lui-même, devinrent des choses chimériques, et l'anarchie fut telle qu'on ne put plus savoir si le Peuple avait fait une ordonnance, ou s'il ne l'avait pas faite[6].

On n'entend parler dans les auteurs que des divisions qui perdirent Rome.

---

1. *Jus Latii, jus italicum.*
2. Les *Eques* disaient dans leurs assemblées : « Ceux qui ont pu choisir ont préféré leurs lois au droit de la cité romaine, qui a été une peine nécessaire pour ceux qui n'ont pu s'en défendre. » (Tite-Live, livre IX.)
3. Les Asculans, les Marses, les Vestins, les Marrucins, les Férentans, les Hirpins, les Pompeïans, les Venusiens, les Japiges, les Lucaniens, les Samnites et autres. (Appian, *De la Guerre civile*, livre I.)
4. Les Toscans, les Umbriens, les Latins. Cela porta quelques peuples à se soumettre, et, comme on les fit aussi citoyens, d'autres posèrent encore les armes, et, enfin, il ne resta que les Samnites, qui furent exterminés.
5. Qu'on s'imagine cette tête monstrueuse des peuples d'Italie, qui, par le suffrage de chaque homme, conduisait le reste du Monde.
6. Voyez les *Lettres de Cicéron à Atticus*, livre IV, lett. 8.

Mais on ne voit pas que ces divisions y étaient nécessaires, qu'elles y avaient toujours été, et qu'elles y devaient toujours être. Ce fut uniquement la grandeur de la République qui fit le mal, et qui changea en guerres civiles les tumultes populaires. Il fallait bien qu'il y eût à Rome des divisions, et ces guerriers si fiers, si audacieux, si terribles au-dehors, ne pouvaient pas être bien modérés au-dedans. Demander, dans un État libre, des gens hardis dans la guerre et timides dans la paix, c'est vouloir des choses impossibles, et, pour règle générale, toutes les fois qu'on verra tout le monde tranquille dans un État qui se donne le nom de *république,* on peut être assuré que la liberté n'y est pas.

Ce qu'on appelle *union* dans un corps politique est une chose très équivoque : la vraie est une union d'harmonie, qui fait que toutes les parties, quelque opposées qu'elles nous paraissent, concourent au bien général de la Société, comme des dissonances dans la musique concourent à l'accord total. Il peut y avoir de l'union dans un État où l'on ne croit voir que du trouble, c'est-à-dire une harmonie d'où résulte le bonheur, qui seul est la vraie paix. Il en est comme des parties de cet Univers, éternellement liées par l'action des unes et la réaction des autres.

Mais, dans l'accord du despotisme asiatique, c'est-à-dire de tout gouvernement qui n'est pas modéré, il y a toujours une division réelle : le laboureur, l'homme de guerre, le négociant, le magistrat, le noble, ne sont joints que parce que les uns oppriment les autres sans résistance, et, si l'on y voit de l'union, ce ne sont pas des citoyens qui sont unis, mais des corps morts, ensevelis les uns auprès des autres.

Il est vrai que les lois de Rome devinrent impuissantes pour gouverner la République. Mais c'est une chose qu'on a vue toujours, que de bonnes lois, qui ont fait qu'une petite république devient grande, lui deviennent à charge lorsqu'elle s'est agrandie, parce qu'elles étaient telles que leur effet naturel était de faire un grand peuple, et non pas de le gouverner.

Il y a bien de la différence entre les lois bonnes et les lois convenables, celles qui font qu'un peuple se rend maître des autres, et celles qui maintiennent sa puissance lorsqu'il l'a acquise.

Il y a à présent dans le Monde une république[1] que presque personne ne connaît, et qui, dans le secret et dans le silence, augmente ses forces chaque jour. Il est certain que, si elle parvient jamais à l'état de grandeur où sa sagesse la destine, elle changera nécessairement ses lois, et ce ne sera point l'ouvrage d'un législateur, mais celui de la corruption même.

Rome était faite pour s'agrandir, et ses lois étaient admirables pour cela. Aussi, dans quelque gouvernement qu'elle ait été, sous le pouvoir des Rois, dans l'aristocratie ou dans l'État populaire, elle n'a jamais cessé de faire des entreprises qui demandaient de la conduite, et y a réussi. Elle ne s'est pas trouvée plus sage que tous les autres États de la Terre en un jour, mais continuellement ; elle a

1. Le canton de Berne.

soutenu une petite, une médiocre, une grande fortune, avec la même supériorité, et n'a point eu de prospérités dont elle n'ait profité, ni de malheurs dont elle ne se soit servie.

Elle perdit sa liberté parce qu'elle acheva trop tôt son ouvrage.

Montesquieu, *Considérations sur les causes de la grandeur des Romains et leur décadence,* 1734, coll. La Pléiade, t. 2, pp. 116-120.

27. Il n'y a pas un bien en politique mais plusieurs...

En réalité, il n'est aucun régime, parmi ceux qu'il juge bons, dont Montesquieu ne note, ici ou là, quelque faille. La vertu des républiques antiques exige beaucoup des hommes, l'honneur des monarchies est hypocrite et faux, l'esprit de commerce dissout la générosité. Mais ces remarques ne prennent leur sens véritable que si on les compare aux condamnations répétées, insistantes, indignées parfois, du despotisme. La république, en particulier si elle est commerçante, la monarchie, le régime anglais sont, à la différence du despotisme, des solutions acceptables quoique toutes soient, par quelque aspect, imparfaites et inachevées. Leur imperfection rend compte aussi de leur pluralité : s'il existait une solution parfaite, elle serait, pour cette raison même, unique. Mais cela ne s'éclaire que si l'on aperçoit la conception originale du bien politique qui commande l'analyse des divers régimes.

Il n'y a pas, chez Montesquieu, un bien en politique mais plusieurs. « Les lois humaines statuent sur le bien; la religion sur le meilleur. Le bien peut avoir un autre objet parce qu'il y a plusieurs biens; mais le meilleur n'est qu'un, il ne peut donc pas changer. On peut bien changer les lois parce qu'elles ne sont censées qu'être bonnes; mais les institutions de la religion sont toujours supposées être les meilleures » (*Lois,* XXVI, 2). La solution du problème politique n'est jamais pleinement déterminée, il reste toujours à choisir entre plusieurs formes bonnes en même temps qu'imparfaites. Le commentaire de Pangle, parce qu'il veut surtout montrer le choix de Montesquieu en faveur de l'Angleterre moderne contre la république vertueuse de l'Antiquité, néglige l'irréductible indétermination qui caractérise, dans l'*Esprit des Lois,* le bien politique. Il est juste et fécond d'insister, contre les interprétations sociologiques de l'*Esprit des Lois* que le fait que Montesquieu se prononce sur la question du bien; mais on ne peut passer sous silence le caractère partiellement indéterminé de ce bien. On n'est pas renvoyé, pour autant, à un pur relativisme. S'il y a, selon Montesquieu, plusieurs biens, il y a cependant un mal : le despotisme. La solution du problème politique n'est ni purement indéterminée, ni complètement déterminée. Le bien est relativement indéterminé. Le choix est possible entre plusieurs formes politiques, mais non pas entre toutes, car il en est de mauvaises. Cela n'empêche pas, bien sûr, de chercher à les comprendre et à les analyser toutes, bonnes et mauvaises, car comprendre n'est pas approuver.Cette indétermination relative du bien explique pourquoi nombre de commentateurs n'ont voulu voir en Montesquieu que l'analyste des choses telles qu'elles sont : puisqu'on ne trouvait pas dans l'*Esprit des Lois* un bien indubitable, une idée claire de la bonne société, on en concluait que tout était indifférent, c'est-à-dire que Montesquieu renonçait à juger. Si la raison, selon les normes cartésiennes, exige des solutions certaines, inébranlables et totalement déterminées, l'aboutissement de la réflexion de Montesquieu ne peut qu'apparaître décevant : le bien politique n'est ni un régime, ni tous, ni aucun (ces solutions seraient, malgré leur diversité, toutes trois pleinement déterminées) ; il est seulement : « quelques-uns... ». Mais c'est justement une des leçons les plus fondamentales de l'*Esprit de Lois* que le problème politique n'est pas susceptible d'une solution sur le modèle cartésien.

Montesquieu n'est pas seulement un penseur Moderne dont les théories ne se comprennent que par leur opposition à celle des Classiques. Le lire, comme le fait T. Pangle, en fonction de ce seul clivage, oblige à considérer comme secondaires sa critique du despotisme et son opposition à Hobbes. Cela masque le rôle central que jouent chez lui l'indétermination et la pluralité ; cela masque aussi sa parenté avec Aristote sur ce point. Il n'en reste pas moins vrai que des divergences profondes et essentielles séparent les deux pensées ; elles tiennent à la rupture qu'introduit l'individualisme Moderne. Montesquieu est un penseur de la pluralité sur un mode et des bases Modernes. La taxinomie proposée qui oppose les pensées de l'unité et les théories de la pluralité ou de l'indétermination ne vise pas à se substituer à l'opposition straussienne, plus historique, entre Classiques et Modernes, elle cherche seulement à la compléter. Elle est simplement esquissée ici. Elle nous paraît nécessaire à la lecture de Montesquieu mais elle éclaire aussi des questions théoriques plus vastes. Le clivage entre les pensées de l'unité et les pensées de la pluralité traverse, selon nous, le libéralisme lui-même. Il permet de comprendre la nature et les fondements de cette conception libérale pluraliste qui trouve son origine chez Montesquieu et les constituants américains, mais il montre aussi pourquoi le libéralisme individualiste peut être une vision de l'unité. La compréhension des thèses de Montesquieu s'avère ainsi nous conduire au cœur des débats les plus actuels.

Bernard Manin, « Montesquieu et la politique moderne », in *Cahiers de philosophie politique de l'université de Reims,* 1985, pp. 183-185 et 228-229.

Exercices

Exercices

1. Peut-on penser à la fois le déterminisme des faits et la normativité des lois ?

L'introduction situera d'emblée cette question comme étant au cœur des difficultés que pose l'interprétation de la pensée de Montesquieu. On pourra partir de la phrase du livre I, chapitre I : « Il faut donc avouer des rapports d'équité antérieurs à la loi positive qui les établit : comme, par exemple, que supposé qu'il y eût des sociétés d'homme, il serait juste de se conformer à leurs lois... » et quelques lignes auparavant : « Avant qu'il y eût des lois faites, il y avait des rapports de justice possibles. » Si Montesquieu constitue une science objective des lois, que signifient ces rapports de justice **antérieurs** aux conditions objectivement posées ?

Première partie. On analysera les éléments constitutifs du modèle newtonien et la généralisation de ce dernier à la sphère traditionnellement dévolue au « droit naturel ».

A. La nature des lois gouvernant l'univers physique ; de l'ancienne loi-commandement à la loi-rapport : (« les lois, dans leur signification la plus étendue, sous les rapports nécessaires qui dérivent de la nature des choses... »).
B. L'extension de cette nouvelle idée de la loi au monde des « êtres intelligents » : monde animal, monde humain, la divinité elle-même.
Les difficultés :
1. Il s'en faut que le monde intelligent soit aussi bien gouverné que le monde physique. L'homme doué de liberté et sujet à l'erreur manifeste constamment son pouvoir de désobéissance aux lois invariables.
2. Si l'idée de justice est préalable aux lois, autrement dit si l'homme a la faculté de concevoir quelles sont les lois justes, comment pourrait-on envisager les lois comme le résultat des seules conditions objectives ?

Deuxième partie. On pourra donc s'attacher à expliciter et à développer l'idée d'un « Montesquieu contradictoire ».

A. Le mot **loi** désignerait à la fois les lois positives propres aux différentes sociétés, les lois causales des sciences positives, les lois commandement à caractère normatif.
B. D'où la contradiction entre la détermination objective de l'enquête sociologique et l'évaluation du « moraliste » pour lequel (par exemple) la vertu civique du régime républicain est préférable à l'honneur qui fonde le régime monarchique.
La « méthode expérimentale » aurait dû conduire Montesquieu à étendre le déterminisme des causes nécessaires. Mais en dernier ressort, les lois sont rapportées à Dieu et la « confusion des ordres » s'instaure : « la loi scientifique disparaît derrière la loi-ordre » (Althusser).

Troisième partie. On discutera cette interprétation et se demandera précisément si le déterminisme des faits interdit toute normativité, tout jugement de valeur. Montesquieu est-il voué — sous peine d'incohérence — à constituer une sociologie positiviste ?

A. Le point déterminant est la prise en compte de la liberté humaine. Liberté qui apparaît — au regard de la régularité du monde physique — comme une imperfection (« nous sommes libres et incertains, parce que nous ne savons pas certainement ce qui nous est le plus convenable »). La liberté est cet **écart,** la brèche qui s'institue entre la perfection de la loi mathématique et l'agir humain.
B. On est certes fondé à parler d'un rationalisme de Montesquieu : la législation universelle est, en un sens, formulée **idéalement** avant toute réalisation positive et particulière mais ce rapport de convenance n'a pas pour source un décret divin : il est l'ordre raisonnable lui-même.

Conclusion. D'où la position du **législateur** (thème que l'on pourra développer ici) qui travaille dans cet écart même. Il n'est pas le législateur divin, il ne part pas non plus de la « table rase ». Il tente d'adapter, d'ajuster la législation idéale aux conditions particulières. Il faut, encore une fois, rappeler que Montesquieu énonce une typologie idéale des régimes qui n'a jamais été — telle quelle — réalisée dans l'histoire. L'écart entre ce qui est et ce qui devrait être est la prise en compte de la marge d'incertitude, de l'inachèvement qui caractérise le monde humain et la sphère du politique.

*

2. « J'ai posé les principes, et j'ai vu les cas particuliers s'y plier comme d'eux-mêmes ; les histoires de toutes les nations n'en être que les suites ; et chaque loi particulière liée avec une autre loi, ou dépendre d'une autre plus générale. »
En quel sens Montesquieu a-t-il fondé une théorie de l'histoire ?

Introduction. L'enjeu du sujet est d'examiner la façon dont Montesquieu rend l'histoire **intelligible,** d'une part en rompant avec la « théologie de l'histoire » (qui soumet le devenir humain à la loi assignée par la Providence divine), d'autre part en n'investissant pas le devenir d'un sens orienté, d'une finalité, encore moins d'une totalisation. En quel sens, donc, l'articulation nature-principe permet-elle d'articuler la typologie des formes politiques et l'intelligence du réel historique ?

Première partie : « Ce n'est pas la fortune qui gouverne le monde... »
On mettra en évidence la nécessité rationnelle qui gouverne l'histoire. Il ne s'agit pas d'une raison théologique et transcendante mais d'un principe commandant l'intelligibilité à partir de la réalité même des faits. La catégorie « newtonienne » de la loi est appliquée aux phénomènes historiques : il s'agit de trouver dans les institutions elles-mêmes (et non dans l'extériorité) de quoi unifier le divers des phénomènes. Voilà pourquoi Montesquieu écrit : « J'ai posé les principes, et j'ai vu les cas particuliers s'y plier comme d'eux-mêmes... »

Deuxième partie. L'articulation nature-principe définit une « structure » (république, monarchie, despotisme) par une sorte d'unité interne entre ce qui la fait être telle (nature) et la passion qui la fait agir (principe). Lorsque l'unité se trouve rompue, le déséquilibre provoque la transformation des formes politiques, le passage d'une structure à une autre. Il ne s'agit donc ni d'une simple description (car l'exigence d'intelligibilité va bien au-delà de l'analyse empirique) ni d'une représentation de l'histoire comme diversité hétérogène et irrationnelle.

3. Il faut expliciter l'idée de **causalité** chez Montesquieu : il s'agit d'une causalité complexe englobant causes générales, particulières, physiques et morales. Montesquieu abandonne tout recours à la finalité et aux causes finales. Par ailleurs il n'y a pas d'anticipation du devenir de l'histoire :
B. L'idée de progrès est problématique (ainsi qu'en témoigne la vision de l'Europe contemporaine, dans les **Considérations...** par exemple).
C. Il n'y a pas non plus d'anticipation « visionnaire » de ce que deviendrait le monde « post-chrétien » mais le constat d'une incertitude.

Troisième partie. Rendre l'histoire intelligible, ce n'est pas nécessairement lui donner un sens (comme finalité, comme devenir orienté).
L'intention de Montesquieu est de rendre l'histoire intelligible. Le donné historique se présente comme diversité presque infinie de mœurs, de coutumes, d'idées, de lois, d'institutions, etc. Comment substituer à cette diversité incohérente un ordre intelligible ? Comment l'idée d'ordre peut-elle faire l'économie de la finalité, c'est-à-dire du sens comme devenir orienté ?

La réponse de Montesquieu se fait selon deux modalités :
1. Au-delà du chaos des accidents, se découvrent les causes profondes qui déterminent « l'allure générale » des événements.
2. La diversité des mœurs, des coutumes, des idées s'organise à travers un petit nombre de types.
L'intelligibilité de l'histoire passe donc par la découverte d'une **relation constante** telle qu'elle permet d'éviter la diversité infinie (c'est-à-dire inintelligible) mais aussi la nécessité absolue d'une société idéale (c'est-à-dire d'une raison totalisante). Il est important de souligner que le principe d'unification (la relation nature-principe) ne contredit pas la pluralité des explications partielles et qu'il n'est pas un principe de totalisation.

Conclusion. On pourra souligner qu'il n'y a dans la théorie de l'histoire chez Montesquieu ni l'idée d'une croissance spirituelle, ni l'idée d'une réalisation de l'Esprit absolu (sur le mode hégélien) ni celle d'un « progrès » économique comme norme et moteur de l'histoire.

Aubin Imprimeur
LIGUGÉ, POITIERS

Achevé d'imprimer en août 1987
N° d'édition 5327 / N° d'impression L 25025
Dépôt légal, août 1987
Imprimé en France